Flâneurs/Flâneuses

Uta Felten

Flâneurs/Flâneuses

Nomaden im modernen europäischen Kino

Bibliografische Information der Deutschen Nationalbibliothek
Die Deutsche Nationalbibliothek verzeichnet diese Publikation in
der Deutschen Nationalbibliografie; detaillierte bibliografische
Daten sind im Internet über http://dnb.d-nb.de abrufbar.

ISBN 978-3-631-67932-6 (Print)
E-ISBN 978-3-653-07156-6 (E-PDF)
E-ISBN 978-3-631-69899-0 (EPUB)
E-ISBN 978-3-631-69900-3 (MOBI)
DOI 10.3726/978-3-653-07156-6

© Peter Lang GmbH
Internationaler Verlag der Wissenschaften
Berlin 2018
Alle Rechte vorbehalten.

Peter Lang – Berlin · Bern · Bruxelles ·
New York · Oxford · Warszawa · Wien

Das Werk einschließlich aller seiner Teile ist urheberrechtlich
geschützt. Jede Verwertung außerhalb der engen Grenzen des
Urheberrechtsgesetzes ist ohne Zustimmung des Verlages
unzulässig und strafbar. Das gilt insbesondere für
Vervielfältigungen, Übersetzungen, Mikroverfilmungen und die
Einspeicherung und Verarbeitung in elektronischen Systemen.

Diese Publikation wurde begutachtet.

www.peterlang.com

Abstract

Die vorliegende Studie betrachtet die Figur des Nomadischen und ihre Verwendung im europäischen Film anhand ausgewählter Werke von Wim Wenders, Michelangelo Antonioni und Eric Rohmer. Zielsetzung ist die Beschreibung und Analyse des Nomadismus als epistemologische und urbane Denkfigur. Als interdisziplinäre Untersuchung ist dieses Buch zugleich Baustein einer noch ausstehenden transnationalen Filmgeschichtsschreibung, in dessen Mittelpunkt die epistemologischen und poetologischen Bezüge zwischen den Klassikern des europäischen Autorenkinos stehen.

This study examines the figure of nomadism and follows its different applications in the European film based on selected examples given by the works of Wim Wenders, Michelangelo Antonioni and Eric Rohmer. It is aimed at describing and analysing nomadism as both an epistemological and an urban thought pattern. Since this book is conceived as an interdisciplinary outlook on how the various epistemological and poetological references between the classics of European *cinéma d'auteurs* are related to one another, it perceives itself as a building block of a transnational historiography of film that hasn't been accomplished yet.

Inhaltsverzeichnis

0	Film-Nomaden	9
I	Nomaden bei Wenders, Petzold und Antonioni	13
II	Monica Vitti. Nomadin und *Flâneuse*	27
III	Nomaden in Paris	41
IV	Clochard, Milliardär und Stadtnomade. Rohmers *Signe du lion*	61
V	Die moderne Stadtnomadin. Nomadismus zwischen Zentrum und Peripherie	67
VI	Filmographie	77
VII	Literaturverzeichnis	79
VIII	Abbildungsverzeichnis	83

0 Film-Nomaden

> [...] le trajet nomade a beau suivre des pistes ou des chemins coutumiers, il n'a pas la fonction du chemin sédentaire qui est *de distribuer aux hommes un espace fermé*, en assignant à chacun sa part, et en réglant la communication des parts. Le trajet nomade fait le contraire, il *distribue les hommes (ou les bêtes) dans un espace ouvert*, indéfini, non communiquant.
> (Gilles Deleuze/Félix Guattari)[1]

Die vorliegende Studie wendet sich an ein vorwiegend romanistisch sowie kulturwissenschaftlich geschultes Publikum und vereint Überlegungen zur Figur des Nomadischen, der insbesondere am Beispiel der filmischen Werke Wenders', Antonionis sowie Rohmers nachgespürt werden soll. Zielstellung ist es dabei, den Nomadismus gleichermaßen als epistemologische und urbane Denkfigur zu beschreiben und zu analysieren. So lässt sich über das dem jeweiligen Film zugrunde liegende Strukturmodell der Suche nicht nur die räumliche Dimension der Bewegungen der Protagonisten und Protagonistinnen nachvollziehen, sondern auch die Veränderung erfassen, die besonders zu Beginn der 60er Jahre die religiös bzw. von existenziellen Standpunkten motivierte Suche immer mehr ins – bei Antonio ins Sinnbild des „vagabondaggio"[2] gebannte – Selbstreferentielle[3] abgleiten

---

1 Gilles Deleuze/Félix Guattari, „Traité de nomadologie. La machine de guerre", in: dies., Mille plateaux. Capitalisme et schizophrénie 2, Paris, 1980, S. 434–527, hier S. 471–472; Hervorhebung im Original.

2 Piero Amerio, „Antonioni: appunti per una psicologia dell'irrelevant", in: Carlo di Carlo (Hg.), Michelangelo Antonioni, Roma, 1964, S. 45–52, hier S. 48.

3 Vgl. Uta Felten, Träumer und Nomaden. Eine Einführung in die Geschichte des modernen Kinos in Frankreich und Italien,

lässt. Zugleich eröffnet die Analyse der Kategorie des Nomadischen auch das Verständnis verschiedener Theoreme Deleuze', Foucaults sowie Derridas[4] zur nachmodernen Epistemologie der Ursprungslosigkeit und Dezentralität des Denkens, das gerade in jenen Mustern der Wiederholung und des Kreisens einen Ausdruck findet.

Das erste Kapitel beginnt vor diesem Hintergrund zunächst mit der Betrachtung einiger spezifischer Grundmuster des Nomadischen und jener zunehmend areferentiellen Suche, die im deutsch-italienischen Vergleich primär anhand von Wenders' Thriller *Der amerikanische Freund* (1977) und Antonionis *Professione: reporter* (1975) herausgearbeitet werden, um sie schließlich als zentrale Denkfiguren einer transnationalen deutsch-italienischen Filmgeschichte zu verorten.

Ein besonderes Augenmerk soll im zweiten Kapitel zudem auf einer Einzelanalyse der Schauspielerin Monica Vitti liegen, die in den Filmen Antonionis, allen voran jenen der „trilogia della vita"[5] – *L'avventura* (1960), *La notte* (1961)

Tübingen, 2001, S. 9 sowie die angeschlossenen Ausführungen Michel Foucaults zur Labyrinth-Struktur der Suche, die sich in ihrer postmodernen Form fester Bezugspunkte sowie eines zentralen Zentrums oder Ausgangs entledigt und den Orientierung stiftenden Ariadne-Faden zum Reißen bringt (vgl. Michel Foucault, „Ariane s'est pendue", in: ders., Dits et écrits I, 1954–1975, Paris, 2001, S. 795–799).

4 Vgl. u. a. Gilles Deleuze/Félix Guattari, Mille plateaux. Capitalisme et schizophrénie 2, Paris, 1980 sowie Michel Foucault, „Ariane s'est pendue", in: ders., Dits et écrits I, 1954–1975, Paris, 2001, S. 795–799 oder auch Jacques Derrida, „La structure, le signe et le jeu", in: ders., L'écriture et la différence, Paris, 1967, S. 409–429.

5 Giovanni Casoli, Novecento letterario italiano ed europeo: autori e testi scelti. Dalla seconda guerra mondiale alla fine del secolo, vol. 2, Roma, 2002, S. 538.

und *L'eclisse* (1962) –, in der jeweiligen Verkörperung ihrer Rolle als *Donna flâneuse* den zum mythologischen Labyrinth gewordenen urbanen Raum durchschreitet und damit das Muster des *vagabondaggio* im Spannungsfeld einer modernen, zum Teil aber auch postmodernen Epistemologie vollzieht.

Mit dem dritten Kapitel rückt der Fokus schließlich auf den französischen Film und insbesondere auch auf die Paris-Darstellung, erweist sich Paris doch als idealer Ort für die umherstreifenden Blicke und Träumereien der *Flâneurs* und *Flâneuses*. Über Manets Bildwerk *Nana* (1877) und die Paris-Photographie der 1960'er Jahre[6] wird hier der Bogen geschlagen zu dem Episodenfilm *Paris je t'aime* (2006), zu Cédric Klapischs *Paris* (2008), zu Julie Delpys *2 days in Paris* (2007) sowie auch zu Audrey Estrougos *Regarde-moi* (2007). Zugleich sticht in diesem Kontext das Filmschaffen Rohmers heraus, das Paris als Bühne einer amourösen und topographischen Inconstantia inszeniert, die nicht nur die räumlichen Zuordnungen von Zentrum und Peripherie ins Schwanken bringt, sondern zugleich die innere Zerrissenheit der Protagonisten und Protagonistinnen sichtbar macht. In den immer neu gesetzten Knotenpunkten ihres Begehrens verfangen sich diese wie in den vernetzten Strukturen des von Umberto Eco unter Bezugnahme auf Deleuze und Guattari konstatierten Rhizom-Labyrinths, das „[n]on ha centro, non ha periferia, non ha uscita, perché è potenzialmente infinito."[7]

---

6 Vgl. allem voran die Werke Henri Cartier-Bressons, die das Alltagsleben in Paris in den Blick nehmen und sich unter anderem im Band *Henri Cartier-Bresson. À propos de Paris* (München, 1994) wiederfinden.

7 Umberto Eco, „La metafisica poliziesca", in: ders., Il nome della rosa, Postille, Milano, 1983, S. 524–525, hier S. 525.

Im vierten und fünften Kapitel erfährt die Analyse des filmischen Werkes Rohmers eine Vertiefung, indem zwei ausgewählte Filme und ihre zentralen Protagonisten einer Einzelanalyse unterzogen werden. Die Rede ist hier von Rohmers *Signe du lion* (1959) und seinem Protagonisten Pierre Wesselrin, der innerhalb kürzester Zeit vom vermeintlichen Neu-Milliardär zum Clochard avanciert und mit dem Schicksal hadernd durch die Stadt irrt, sowie *Les nuits de la pleine lune* (1984) und der Protagonistin Louise, die, gleich einer deleuzianischen ‚Indianerin'[8], zwischen Peripherie und Zentrum pendelt und deren Glücksuche keine endgültige Erfüllung mehr erfahren kann, womit sie zu einer Vorläuferin der heutigen ‚global flâneuse'[9] wird.

---

8 Vgl. hierzu Friedrich Balke, Gilles Deleuze, Frankfurt a. M., 1998, S. 131–134, der zur Erläuterung der Verbindung zwischen Begehren und Bewegung bei Deleuze im Rekurs auf Kafka das Bild des schwebend-reitenden Indianers bemüht.

9 Zum Begriff der ‚global flâneuse' vgl. die von Kathryn Kramer co-editierte Ausgabe der Reihe *Wagadu Volume 7. Today's Global Flâneuse* (Bloomington, 2011), die Beiträge aus den verschiedensten Bereichen von Kunst und Kultur vereint und das Konzept der Flâneuse in seiner umfassenden Dimension betont.

I Nomaden bei Wenders, Petzold und Antonioni

> Ich weiß weniger und weniger, wer ich bin
> und wer überhaupt jemand ist.
> (Tom Ripley in: *Der amerikanische Freund*)

> Videmus nunc per speculum in enigmate [...].
> (Ad Corinthios I, epistola 13, 12)

Wir verfügen mittlerweile über unzählige nationalspezifische Filmgeschichten: Es gibt eine Geschichte des deutschen Kinos, eine Geschichte des italienischen Kinos, des französischen, des spanischen Kinos und so weiter. Doch wäre es längst ein Desiderat, Filmgeschichtsschreibung nicht mehr aus einer nationalspezifischen, sondern aus einer transnationalen, einer europäischen Perspektive zu betreiben, um die vielen Beziehungen, Vernetzungen und Superpositionen, die gemeinsamen epistemologischen Grundlagen, die Vorliebe für bestimmte Denkfiguren und Poetologien aufzudecken.

In diesem Sinne möchten wir als Alternative zu einer obsoleten nationalen Filmgeschichtsschreibung einige Bausteine für eine transnationale Filmgeschichtsschreibung liefern, in deren Mittelpunkt die epistemologischen und poetologischen Bezüge zwischen drei mittlerweile längst zu Klassikern des europäischen Autorenkinos avancierten Filmemachern stehen: Michelangelo Antonioni, Wim Wenders und Christian Petzold.

Die Fragen, die sich zunächst stellen, sind die folgenden: Was verbindet diese drei, verschiedenen Generationen angehörenden Filmemacher miteinander? Kann man die drei Regisseure in eine Genealogie des modernen Kinos stellen, eine Genealogie, die in den sechziger Jahren, jenem ‚goldenen

Zeitalter des italienischen Kinos'[1] mit Michelangelo Antonioni beginnt und die seit den siebziger Jahren von Wim Wenders und seit den neunziger Jahren von Christian Petzold, dem jüngsten Vertreter des aktuellen deutschen Autorenkinos, der sogenannten Berliner Schule, weiter fortgesetzt wird? Gibt es in ihren Werken eine gemeinsame epistemologische Grundlage, eine Präferenz für bestimmte Denkfiguren, eine gemeinsame filmische Poetologie, auf deren Grundlage wir die Filmemacher in eben jener Genealogie des modernen Kinos verorten können?

Wir wollen von der Hypothese ausgehen, dass es in den Werken von Antonioni, Wenders und Petzold eine solche filmische Poetologie und eine Präferenz für bestimmte Denkfiguren gibt. Diese These wollen wir auf der Basis von fünf zentralen Charakteristika der filmischen *écriture* von Antonioni, Wenders und Petzold skizzieren:

- der Präferenz für ein nomadisches Kino der Suche und des *vagabondaggio*,
- der Lust an einer Arbeit am Mythos, an der Re-codierung mythologischer Grundmuster,
- der Lust am Verwischen der Spuren, am Verschwinden, an der Auflösung der Identitäten,
- der irreduziblen Ambiguität und Unsicherheit der Identitäten und dem Rekurs auf eine negative Anthropologie, die von der Unmöglichkeit der Erkenntnis des Anderen ausgeht, sowie
- der gemeinsamen Präferenz für eine Topographie der Leere, der Nicht-Orte, der Wüste.

---

1 Vgl. zu jener Kategorisierung auch den gleichlautenden, von Thomas Koebner und Imbert Schenk herausgegebenen Band: Das goldene Zeitalter des italienischen Films: Die 1960er Jahre, München, 2008.

Das Kino der Suche und die Lust an der Arbeit am Mythos

Beginnen wir mit der allen drei Filmemachern gemeinsamen Präferenz für ein Kino der Suche.

„Fuga, vagabondaggio [...] quante volte si ripete questo motivo nelle opere di Michelangelo Antonioni"[2] – Flüchten, Vagabundieren, Herumirren sind, so hat die Antonioni-Kritik vielerorts angemerkt, beliebte Motive im filmischen Werk von Michelangelo Antonioni. Gleiches ließe sich über das Kino von Wim Wenders und Christian Petzold sagen.

„Alle meine Filme sind Filme der Suche"[3], hat Antonioni bemerkt, und nicht zufällig konstatierte Wim Wenders erst kürzlich anlässlich der Verleihung des Goldenen Bären für sein Lebenswerk und der Premiere seines jüngsten Films *Everything will be fine* (2015) auf der Berlinale, dass die Suche das zentrale gemeinsame Thema aller seiner Filme sei.

Auch im Kino von Christian Petzold gehören das Thema der Suche ebenso wie der *vagabondaggio* und die Fluchtbewegung zu den zentralen Strukturmustern seiner Filme. Nur wenige Beispiele: Herumirrend, halb suchend, halb flüchtend kreist die Protagonistin in Petzolds Film *Yella* (2007) durch die Wüsten und Nicht-Orte des Neokapitalismus (vgl. Abb. 1); gespenstisch zirkulieren die ephemeren Freundinnen durch die neuen Nicht-Orte Berlins in Petzolds *Gespenster* (2005). (Vgl. Abb. 2)

Ein privilegiertes Modell der Suche ist bekanntlich das Labyrinth. Nach Umberto Eco unterscheiden wir zwischen dem klassischen, dem manieristischen und dem nachmodernen, dem

---

2 Piero Amerio, „Antonioni: appunti per una psicologia dell'irrelevant", in: Carlo di Carlo (Hg.), Michelangelo Antonioni, Roma, 1964, S. 45–52, hier S. 48.
3 Michelangelo Antonioni, Fare un film è per me vivere. Scritti sul cinema, Venezia, 2001, S. 85.

deleuzianischen Labyrinth. Das klassische Labyrinth hat ein Zentrum, einen Eingang und einen Ausgang. Es ist, so Eco, nichts anderes als der umgestülpte Ariadne-Faden. Das manieristische Labyrinth funktioniert nach dem „trial and error"-Verfahren. Es ist eine Art Irrgarten, es gibt einen Ausgang, aber man kann ihn verfehlen. Das nachmoderne Labyrinth schließlich ist anti-teleologisch, es kennt weder Zentrum noch Ausgang.[4]

Abb. 1: *Christian Petzold,* Yella *(2007).*

Abb. 2: *Christian Petzold,* Gespenster *(2005).*

---

4   Vgl. Umberto Eco, „La metafisica poliziesca", in: ders., Il nome della rosa, Postille, Milano, 1983, S. 524–525.

Niemand hat die epistemologische Codierung des nachmodernen Labyrinths so gut auf eine Formel gebracht wie Michel Foucault in seiner Vorstellung der Philosophie von Gilles Deleuze. „Ariane vient de se pendre. [...] Le fil célèbre a été rompu"[5], bemerkt Foucault schlicht.

Nach Wolfgang Iser liegt eine der wichtigsten Eigenschaften des Mythos in seinem Vermögen, immer auf ein bestimmtes Bedürfnis zu reagieren.[6] Was ist, so könnte man fragen, das nachmoderne Bedürfnis, das die Episteme, die Sehnsüchte und Phantasmen des Kinos von Antonioni, Wenders und Petzold bestimmt? Es ist das Bedürfnis nach einem Modell der Suche, das nicht mehr zielgerichtet ist. Es ist das Bedürfnis nach einem nachmodernen Labyrinth. Es gibt kein Interesse mehr an einem virilen Helden, der loszieht, um ein Monster zu töten. Theseus hat ausgedient. Das moderne Kino präferiert den Anti-Helden, den Künstler Daedalus, der sich in sein eigenes Kunstwerk verliebt oder sich im Chaos des Minotaurus verliert.[7] Es gibt auch keine Ariadne mehr, die aus dem Labyrinth herausführen könnte.

Die Filme von Antonioni, Wenders und Petzold verpflichten sich einer nachmodernen Labyrinthik ohne Ziel und ohne Ausweg. Was fasziniert, ist die Suche selbst. Die Protagonisten dieses Kinos sind Träumer und Träumerinnen, Nomaden und

---

5   Michel Foucault, „Ariane s'est pendue", in: ders., Dits et écrits I, 1954–1975, Paris, 2001, S. 795–799, hier S. 795.
6   Vgl. den Diskussionsbeitrag Wolfgang Isers zur „Ersten Diskussion. Mythos und Dogma. Vorlage: Hans Blumenberg, Wirklichkeitsbegriff und Wirkungspotential des Mythos", in: Manfred Fuhrmann (Hg.), Terror und Spiel. Probleme der Mythenrezeption, München, 1971, S. 541.
7   Vgl. hierzu auch die literarische Umsetzung jener Präferenz bei Antonio Tabucchi, „Il sogno di Dedalo", in: ders., Sogni di sogni, Palermo, 1992, S. 15–18.

Nomadinnen, Gespenster, die in wüstenähnlichen Städten und Landschaften umherirren, sich vorübergehend verbinden, um sich dann wieder zu verlieren, sich aufzulösen.[8]

Wie dieses nomadische Strukturmuster der Suche im modernen Kino funktioniert, möchten wir an zwei bekannten Beispielen von Wenders und Antonioni aufzeigen: anhand von Wenders' zum Kultfilm avancierten Thriller *Der amerikanische Freund* (1977) und von Antonionis Film *Professione: reporter* (1975), zwei Filmen, in denen die geistige Verwandtschaft zwischen Antonioni und Wenders, ihre Präferenz für bestimmte Denkfiguren besonders deutlich zu Tage tritt und die nach dem gleichen Strukturmuster funktionieren.

Konzentrieren wir uns zunächst noch einmal auf die beiden Künstlern gemeinsame Präferenz für das Strukturmuster der Suche, auf die Lust an der Re-codierung mythologischer Vorlagen und auf die willentliche Inszenierung instabiler Identitäten.

Strukturmuster der Suche und Instabilität der Identitäten

„Identität ist", so schreibt Wenders, nicht etwas, „was man hat, sondern, was man erlangt."[9] Doch auch das Erlangen von Identität ist bei Wenders immer nur etwas Vorübergehendes, ein flüchtiger Zustand des Übergangs von einer zu einer anderen Identität, ein Zirkulieren, ein Fliehen und Suchen in einem nie abschließbaren Prozess. Damit wird Wenders' Kino zu einem

---

8 Vgl. Uta Felten, Träumer und Nomaden. Eine Einführung in die Geschichte des modernen Kinos in Frankreich und Italien, Tübingen, 2001.
9 Wim Wenders zit. nach Horst Fleig, Wim Wenders. Hermetische Filmsprache und Fortschreiben antiker Mythologie, Bielefeld, 2005, S. 213.

privilegierten Ort nomadischen Denkens[10] im Sinne von Deleuze. In seiner Studie *Microfilosofia del cinema* hat Paolo Bertetto die Interaktion zwischen dem nomadischen Denken Deleuzes und der nomadischen Konstitution der Protagonisten bei Wenders hervorgehoben: „I soggetti wendersiani sono quindi immagini-figure che delineano un [...] percorso esistenziale concettuale. [...] Sono scene di filosofia come la filosofia di Deleuze è scena esistenziale, teatro (o cinema) della mente e del pensiero".[11]

Im Gegensatz zum romantischen Dispositiv der inneren Reise, die auf ein Erkenntnisziel ausgerichtet ist, sind die Reisen der Protagonisten bei Wenders nicht mehr zielgerichtet. Sie beginnen im Nirgendwo und hören im Nirgendwo auf. Die Reisen sind nomadisch im Sinne von Deleuze insofern, als sie Spuren auslegen, die sogleich wieder verwischt werden und sich im Kreisen gefallen, das auf kein wie auch immer geartetes erlösendes Signifikat ausgerichtet ist. Spuren, Bruchstücke, Fetzen ruinöser christlicher und heidnischer Mytheme verbergen sich zwar noch in den Reisegeschichten bei Wenders, sie zielen aber nicht mehr auf eine Erkenntnisstiftung, auch wenn häufig Engel und Hermesfiguren darin vorkommen, deren Identitäten genauso instabil sind wie die der Protagonisten.

„Ich weiß weniger und weniger, wer ich bin und wer überhaupt jemand ist", sagt Tom Ripley in Wenders' Film *Der amerikanische Freund*, der auf dem bekannten Roman von Patricia Highshmith, *Ripley's Game*, aus dem Jahre 1974 basiert und zwei Jahre später in der deutschen Übersetzung mit dem Titel *Regel ohne Ausnahme* erschien.

---

10 Zum Zusammenhang von „existence nomade" (S. 471) und nomadischem Denken vgl. besonders auch das Plateau bzw. den Abschnitt „Traité de nomadologie. La machine de guerre", in: Gilles Deleuze/Félix Guattari, Mille plateaux. Capitalisme et schizophrénie 2, Paris, 1980, S. 434–527.
11 Paolo Bertetto, Microfilosofia del cinema, Venezia, 2014, S. 69–70.

Der Film erzählt die Geschichte eines Identitätstauschs. Der todkranke Bilderrahmenhändler Jonathan Zimmermann (vgl. Abb. 3) bekommt eines Tages von einem unbekannten Amerikaner namens Tom Ripley ein verführerisches Angebot. Er soll seine Identität aufgeben und die eines Auftragskillers annehmen, so könne er nach seinem sicher bald eintreffenden Tod Frau und Kind eine hohe Geldsumme hinterlassen. Nach kurzem Zögern nimmt Jonathan das Angebot an und wird zum Protagonisten eines zunehmend verwirrenden, willentlich inkohärenten Mafiathrillers, dessen Handlung immer mehr entgleitet und in dem Jonathan in fast schon burlesker Manier gemeinsam mit seinem neuen amerikanischen Freund Tom Ripley eine immer größere Anzahl an Leichen aus dem Weg schaffen muss. Am Ende darf er einen schönen Tod sterben, in einem roten VW-Käfer, in der Nähe der Ostsee. (Vgl. Abb. 4)

Abb. 3, 4: Wim Wenders, Der amerikanische Freund *(1977).*

Im Presseheft zum Film aus dem Jahre 1977 bemerkt Wenders, dass die Figur des Jonathan als willentliche Infragestellung stabiler Identität angelegt ist.[12]

Die Denkfigur der grundsätzlichen Ambiguität, Instabilität und Widersprüchlichkeit der Identität bei Wenders, die wir auch bei Antonioni und im Kino von Petzold wiederfinden, lädt uns zu einer philosophisch-moralistischen Lektüre ein. Das philosophische Theorem jener irreduziblen Ambiguität und Undurchdringbarkeit der menschlichen Existenz wird im Film von Wenders geradezu leitmotivisch eingesetzt. An zwei Schlüsselstellen des Films, zu Beginn und gegen Ende sehen wir Tom Ripley, wie er in ein Diktiergerät mit sonorer Stimme die Worte spricht: „Ich weiß immer weniger, wer ich bin und wer überhaupt jemand ist." Gegen Ende des Films wird er im Auto das Diktiergerät anschalten und sich die darauf gesprochenen Worte wieder anhören.

Der Film ist, wie Deleuze formuliert hat, im 20. Jahrhundert zum privilegierten Ort der Philosophie geworden.[13] Die Filme von Wenders, Antonioni und Petzold haben den Status von philosophischen Essays und sind analog zu den *Essais* von Montaigne als Formen einer modernen Moralistik zu lesen. Der sogenannte „ordo neglectus", der willentliche Verzicht auf eine lineare, kausal motivierte Ordnung, die Freude an der lockeren Reihung, an der offenen Form, die das moderne Kino bei Wenders, Antonioni und Petzold auszeichnet, dient dem Sichtbarmachen einer perfekten Korrelation zwischen dem philosophischen Anliegen der Darstellung der Unergründbar-

---

12 Zit. nach Horst Fleig, Wim Wenders. Hermetische Filmsprache und Fortschreiben antiker Mythologie, Bielefeld, 2005, S. 213–214.
13 Vgl. Gilles Deleuze, Cinéma 2. L'image-temps, Paris, 1985, S. 34–35.

keit und Widersprüchlichkeit der Identität und der willentlichen Inkohärenz und Offenheit der filmischen Form.

Hugo Friedrich bemerkt bezüglich des willentlichen „ordo neglectus" bei Montaigne:

> Der offenen Form des ‚ordo neglectus' [...] bedient er sich, weil sie der natürliche Ausfluß seines Weltbildes [...] ist. Die Welt mit ihrer allseitigen Veränderlichkeit, der antinomische Charakter des Lebens, der komplexe unbeständige Mensch verbieten eine regelhafte, das heißt das Offene schließende, das Vielseitige vereinseitigende, das Unvollkommene beschönigende Darstellung. [...] Die Unerkennbarkeit des Ganzen [...] zwingt zum Fragmentarismus der Darstellung.[14]

Eben jene Korrelation zwischen einer offenen Form der Darstellung, die willentlich auf eine kausal motivierte Handlung verzichtet, und dem philosophischen Anliegen, den Menschen in seiner Widersprüchlichkeit und Ambiguität zu zeigen, finden wir auch im modernen Kino wieder. „Wir sind nur Fetzen aus unförmig ungleichem Gewebe"[15], schreibt Montaigne, und das Gleiche ließe sich auch über die Protagonisten bei Wenders, Antonioni und Petzold sagen, wie wir im Folgenden abschließend noch an einigen Beispielen skizzieren möchten.

Wenders' Protagonist verkörpert Montaignes Vorstellung einer grundsätzlich ambigen, willentlich ungleichförmigen und unbeständigen, transitorischen Identität in idealer Weise. Jonathan verlässt seine Identität, die nie eine fixe war, um eine andere anzunehmen, die ebenfalls nur transitorisch ist und ihn

---

14 Hugo Friedrich, Montaigne, Bern, 1949, S. 315.
15 „Nous sommes tous de lopins, et d'une contexture si informe et diverse, que chaque pièce, chaque moment, faict son jeu [...]." (Michel de Montaigne, Essais II, 1, hg. v. Albert Thibaudet, Paris, 1939); vgl. auch Hugo Friedrich, Montaigne, Bern, 1949, S. 145.

in den Tod führen wird. Tom Ripley kommt dabei, wie Horst Fleig in seiner Studie gezeigt hat[16], die Rolle einer Hermesfigur zu, die, ausgestattet mit dem klassischen Hermesattribut – dem Flügelhut, hier ein Cowboyhut –, als ein nachmoderner Psychopompos agiert (vgl. Abb. 5). Tom Ripley, der nachmoderne Seelenbegleiter, nimmt Jonathan mit auf eine labyrinthische Reise, die ihn in den Hades führen wird. Doch ist der Tod kein erlösender Ausweg mehr, sondern nur zufälliger Endpunkt eines langen leeren irren Kreisens, das kein Ziel mehr kennt.

Abb. 5: *Wim Wenders*, Der amerikanische Freund *(1977)*.

Von ambigen transitorischen Identitäten, von der Lust am Austausch der Identitäten und von seriellen labyrinthischen Kreisen und Irrfahrten erzählt auch Antonionis Film *Professione: reporter*, der nach einem ganz ähnlichen Strukturmuster angelegt ist: Ein namenloser Reporter findet in einem Hotelzimmer den Pass seines toten Zimmernachbarn, nimmt dessen Identität an und bewegt sich von nun an in den Koordinaten des Terminkalenders des Toten, eines mysteriösen Waffenhändlers.

---

16 Vgl. Horst Fleig, Wim Wenders. Hermetische Filmsprache und Fortschreiben antiker Mythologie, Bielefeld, 2005, S. 199.

Eine schöne Unbekannte, man kann sie eine nachmoderne Ariadne nennen, begleitet ihn eine Zeit lang auf seinen Fluchtreisen, die ins Nirgendwo führen. Am Ende wird er tot in einem Hotelzimmer aufgefunden. (Vgl. Abb. 6) Die Ursache seines Todes bleibt ungeklärt.

Abb. 6: Michelangelo Antonioni, Professione: reporter *(1975).*

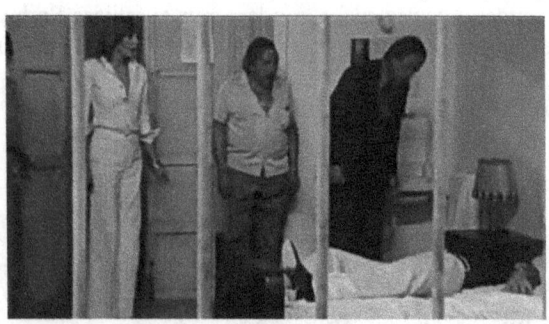

Im Vergleich zu Wenders, der sich aufgrund seines Rekurses auf die Vorlage des *giallo* von Patricia Highsmith noch stärker in kriminalistischen Strukturmustern bewegt, auch wenn diese schon weitgehend aufgelöst werden, ist bei Antonioni die Verkehrung des *giallo* zum *giallo al rovescio* noch radikaler. Hatte sich Antonioni doch schon in den sechziger Jahren, in seinem Film *L'avventura* (1960), vom *giallo* verabschiedet und das konservative Kinopublikum mit einer anti-linearen und willentlich anti-hermeneutischen Filmhandlung verstört, die vom Verschwinden einer weiblichen Figur auf den Liparischen Inseln erzählt.

Das klassische kriminalistische Labyrinth hat für Antonioni bereits in *L'avventura* ausgedient: Figuren verschwinden und tauchen nie wieder auf, Verbrechen, von denen man nicht weiß, ob sie überhaupt stattgefunden haben, bleiben unaufgeklärt. Zunehmend verwandelt sich das kriminalistische Labyrinth bei Antonioni in ein Labyrinth der Wahrnehmung. Ein berühmtes Beispiel hierfür bildet sein viel besprochener Film *Blow up* (1966), wo der Modephotograph Thomas am Ende nicht mehr weiß, ob er tatsächlich einen Mord photographiert hat, oder ob ihm seine trügerische Wahrnehmung nur einen Streich gespielt und er in der Großaufnahme der Photographie das eigene Imaginäre hat wuchern lassen. Antonionis Nachdenken über die Instabilität der Identitäten gipfelt in der Reflexion über die irreduzible Ambiguität und Unsicherheit unserer Wahrnehmung.

Auch in Wenders' Film *Der amerikanische Freund* wird die trügerische Qualität der Bilder immer wieder reflektiert: Changierende Photographien, Bilderfälschungen, vertauschte Rahmen, vertauschte Identitäten sind konstante Denkfiguren bei Wenders, die auf das viel zitierte Pauluswort im ersten Korintherbrief „videmus nunc per speculum in enigmate"[17] zu verweisen scheinen. Die Worte der Figur des Regisseurs in Antonionis und Wenders' gemeinsamem Film *Jenseits der Wolken/Al di là delle nuvole* (1995) lassen sich als nachmoderne Paraphrase der Denkfigur jener irreduziblen Rätselhaftigkeit des Sichtbaren lesen, das sich allen Entschlüsselungen willentlich verweigert:

> Noi sappiamo che sotto l'immagine rivelata ce n'è un'altra più fedele alla realtà, e sotto quest'altra un'altra ancora, e di nuovo un'altra sotto quest'ultima. Fino alla vera immagine di quella realtà [...] che nessuno vedrà mai. O forse fino alla scomposizione di qualsiasi immagine, di qualsiasi realtà.[18]

---

17 Ad Corinthios I, epistola 13, 12 iuxta Vulgatam.
18 Wim Wenders/Michelangelo Antonioni, *Jenseits der Wolken/Al di là delle nuvole* (1995).

II Monica Vitti. Nomadin und *Flâneuse*

Wer ist Monica Vitti? Man könnte sie – mit Proust gesprochen – eine flüchtende Schönheit nennen, die sich jedem Versuch einer Fixierung willentlich entzieht.

In der Tat greifen die herkömmlichen Genderfiktionen, konstruierte Weiblichkeitsbilder, mit denen man die ‚Stars all'italiana' des italienischen Autorenkinos gerne belegt hat, bei Monica Vitti nicht. Sie ist keine voluminöse ‚Maggiorata', keine ‚grossa bambola', keine ‚popolana' und auch keine mediterrane Urmutter: Phantasmen, Vorstellungen und Archetypen, mit denen man Schauspielerinnen wie Sophia Loren und Anna Magnani gerne belegt hat.

Monica Vitti entzieht sich diesen reduktionistischen Vereinnahmungen einer oberflächlichen Kritik. Wenn man es doch mit einer Etikettierung versuchen möchte, die auf den stillen Star Monica Vitti passen könnte, dann ist es die der *Donna flâneuse*, der urbanen Protagonistin und Nomadin im Kino von Michelangelo Antonioni, mit dem sie insgesamt vier Kinofilme gemacht hat.

Eine herausragende Rolle als Protagonistin der Moderne kommt Monica Vitti in der sogenannten ‚trilogia della vita' zu, die drei Filme umfasst: *L'avventura* (1960; Abb. 1); *La notte* (1961; Abb. 2) und *L'eclisse* (1962; Abb. 3). Es folgt *Il deserto rosso* (1964; Abb. 4), für den Antonioni den goldenen Löwen der Filmfestspiele von Venedig erhalten hat. Bereits 1961 hatte er bekanntlich für *La notte* den silbernen Bären der Berlinale erhalten.[1]

---

1 Die Trilogie der Moderne und der Film *Il deserto rosso*, den manche Kritiker auch dazu rechnen und dann von einer Tetralogie der Moderne sprechen, ist das Produkt einer erfolgreichen Zusammenarbeit von Antonioni und Monica. Im Jahre 1979 ar-

Betrachtet man die Filme der Trilogie der Moderne – *L'avventura*, *La notte* und *L'eclisse* – aus einer gemeinsamen Perspektive, so erzählen sie die Geschichte der Geburt einer souveränen *Donna flâneuse*, die im letzten Film der Trilogie aufbricht, um alle Bindungen hinter sich zu lassen. Man kann unschwer behaupten, dass Monica Vittis Auftritt als *Donna flâneuse* in der Rolle der Vittoria in *L'eclisse* (dem letzten Film der Trilogie) eine Provokation darstellt. Warum? Die Provokation liegt in der *Flânerie* selbst, die als Ballade ohne Ziel, als Streunen, Vagabundieren, Kreisen sich dem utilitaristischen Konzept von Arbeit und Leistung der kapitalistischen Konsumgesellschaft der 60'er Jahre willentlich entzieht. Die *Flânerie* wäre somit eine kontradiskursive Kulturtechnik in einer vom „Boom economico" beherrschten Arbeitswelt.

Abb. 1–4: **Michelangelo Antonioni**, L'avventura *(1960);* La notte *(1961);* L'eclisse *(1962);* Il deserto rosso *(1964).*

beiten sie noch ein letztes Mal zusammen. Monica Vitti spielt die Hauptrolle in dem Fernsehfilm *Il mistero di Oberwald* (1981), der auf einer Theatervorlage von Jean Cocteau basiert. An die frühen Erfolge können sie mit diesem Theaterfilm nicht mehr anknüpfen.

Anders als die Protagonistinnen in Godards Filmen *Vivre sa vie* (1962) oder *Deux ou trois choses que je sais d'elle* (1967) ist Monica Vitti in *L'eclisse* keine Konsumentin. Wir sehen sie vor keinem Schaufenster verharren und weder eine Boutique noch ein Kaufhaus betreten. Die Topographie Roms, in der sie sich bewegt, gleicht einer phantasmagorischen Wüste.[2] Die Stadt ist leer. In der poetischen Schönheit ihrer Leere wird die Stadt zur Heterotopie, zum anderen Ort par excellence,[3] Gegenmodell des geschäftigen mediokren Treibens des ökonomischen Booms. (Vgl. Abb. 5) Hier gibt es keine Voyeure, keine Käufer, keine Verkäufer und auch keine Warenhäuser.

Die Topographie der Leere als poetisches Prinzip der *Donna flâneuse* Monica Vitti wird kontrastiert mit dem kapitalistischen Prinzip des überfüllten Raums der Börse mit seinen kreischenden Stimmen und zappeligen Körpern. (Vgl. Abb. 6) Ab und zu wird die *Donna flâneuse* den hektischen Raum der Börse aufsuchen, um dort einen jungen Mann zu treffen. Es ist Alain Delon, der den jungen ambitionierten Börsenmakler Piero spielt, von dem für Vittoria – so der Name der von Monica Vitti gespielten Figur – eine vorübergehende Anziehungskraft ausgeht.

Es kommt zu einigen flüchtigen Begegnungen zwischen Piero und Vittoria, man wandert durch einen Park, spaziert durch die leere Stadt, es entstehen kurze Momente schwebenden Glücks, ein angekündigter Kuss, Potentialitäten von Glück, Begehren, flirrende unbestimmte Zustände ephemerer Qualität, die sich wieder auflösen. Man geht wieder auseinander, Piero zurück zur Börse, Vittoria verschwindet in der leeren Stadt. Für den nächsten Tag hat man sich wieder ver-

---

2 Nicht zufällig hat Antonioni für seine filmische Inszenierung der leeren Stadt das Gelände der EU42 gewählt, eine tote Stadt par excellence, die einst von Piacentini erbaut, eine Topographie für die Weltausstellung von 1942 bilden sollte, die aufgrund des Krieges nie stattfand. Vgl. hierzu: Christine Beese, Marcello Piacentini. Moderner Städtebau in Italien, Berlin, 2016.
3 Vgl. Michel Foucault, „Des espaces autres", in: ders., Dits et écrits II, 1976–1988, Paris, 2001, S. 1571–1581.

abredet. Doch niemand wird auftauchen. Weder Piero noch Vittoria. (Vgl. Abb. 7) Der Schluss von *L'eclisse*, so bemerkt Martin Scorsese, „lässt nichts zurück als die Zeit, die uns von der Leinwand entgegenstarrt."

Die Begehrensstruktur von *L'eclisse* ist paradigmatisch für alle Liebesgeschichten der Trilogie, die keine sind und denen man auch den Titel einer Erzählung von Antonioni geben könnte, der nicht zufällig lautet: „Cronaca di un amore mai esistito" (*Chronik einer Liebe, die es nie gab*).[4] Alle Liebesgeschichten der Trilogie sind also Liebesgeschichten, die keine Erfüllung finden. Am Anfang aller Geschichten steht die Auflösung einer Paarbildung – „Io vado" („Ich gehe"), sagt Vittoria zu Beginn von *L'eclisse* und verlässt die Wohnung ihres Freundes für immer – es kommt zu neuen ephemeren Begegnungen zur vorübergehenden Bildung eines neuen Paares und schließlich zum offenen Schluss, der die mögliche Auflösung aller Anordnungen bedeuten kann. So auch schon im ersten Film der Trilogie, *L'avventura*, in dem die junge, bislang als Theaterschauspielerin bekannte Monica Vitti in der Rolle der Claudia ihren ersten spektakulären Auftritt im Kino von Antonioni hat. Bei seiner Premiere bei den Filmfestspielen in Cannes im Jahre 1960 löste *L'avventura* bekanntlich einen Skandal aus.

---

4 So lautet der deutschsprachige Titel des Erzählbandes, in dem sich die Erzählung „Chronik einer Liebe, die es nie gab" befindet. Vgl. Michelangelo Antonioni, Chronik einer Liebe, die es nie gab, Berlin, 2012; Michelangelo Antonioni, Quel bowling sul Tevere, Torino, 1983.

Abb. 5–7: Michelangelo Antonioni, L'eclisse (1962).

L'avventura erzählt uns einen ‚giallo al rovescio', eine willentlich verkehrte Kriminalgeschichte, in der es zwar eine Verschwundene, aber weder eine Leiche noch ein Verbrechen, noch eine Aufklärung gibt. Drei befreundete Paare begeben sich auf einen Segelausflug zur sizilianischen Felseninsel Lisca bianca. Auf der Insel kommt es zu einem plötzlichen Verschwinden einer der Frauen. Die Verschwundene ist Anna, gespielt von der bekannten Schauspielerin Lea Massari, die im gesamten Film nicht wieder auftreten wird. Antonioni treibt hier ein ironisches Spiel mit dem Zuschauer, indem er ihn zunächst glauben lässt, die mit Lea Massari besetzte Figur der Anna sei die Hauptfigur, um sie dann durch eine neue Hauptfigur zu ersetzen. Und eben diese neue Hauptfigur ist Monica Vitti, die in ihrem Spiel mit allen Konventionen des Hollywoodkinos bricht und einen völlig neuen Typus darstellt.

Doch was ist das radikal Neue im Spiel der Monica Vitti und mit welcher Ästhetik, welcher filmischen Schreibweise, welcher Epistemologie und welcher Anthropologie hängt es zusammen? Der neue Typus, den Monica Vitti in diesen und auch in allen anderen Filmen von Michelangelo Antonioni verkörpern wird, ist – wie schon gesagt – der Typus der *Donna flâneuse*, der Nomadin, der Vagabundin, der Suchenden, der Fragenden. Dieser Typus wird bei Antonioni mit einem vollkommen neuen Blick, einer neuen Wahrnehmung, einer neuen Identität, einer neuen Affektkonstitution ausgestattet, die allesamt vom Riss affiziert sind.[5]

Monica Vitti inkorporiert im Film von Antonioni dieses vollkommen neue Sehen, ein Sehen, in dem das Band zwischen ihrem Körper und der Außenwelt zerrissen ist. Monica Vitti reflektiert diesen Riss zwischen der Welt und der Wahrnehmung, der – so hat es Alain Bergala sehr treffend formuliert – durch kein Wunder mehr geheilt werden kann. Als souveräner Sehfilter kann sie den Riss zwischen der Wahr-

---

5   Vgl. Gilles Deleuze, Cinéma 2. L'image-temps, Paris, 1985, S. 31–32.

nehmung und den Dingen ertragen. Sie ist die erste souveräne *Flâneuse*, deren einziges Ziel die *Flânerie* selbst ist.

Anders als ihre Vorgängerinnen, die großen Suchenden im italienischen Autorenkino, wie zum Beispiel Giulietta Massina in Fellinis *Le notti di Cabiria* (1957), Anna Magnani in *Mamma Roma* (1962) oder Ingrid Bergmann in *Stromboli* (1949) ist ihr Leben keine *via crocis*, kein Passionsweg und auch kein Erlösungsparcours. Sie ist eine moderne Nomadin, die sich in der Trilogie der Moderne als souveräne *Flâneuse* etablieren wird. Ihr Begehren strebt nicht nach endgültiger Erfüllung, sondern erfüllt sich im zufälligen Kreisen und Vagabundieren und wird damit zu reiner Bewegung.

Im Film *L'avventura* wird die Begehrensstruktur des labyrinthischen Kreisens in paradigmatischer Weise inszeniert: Nachdem Anna, Sandros Freundin, auf unerklärliche Weise verschwunden ist, beginnen die Zurückgebliebenen Sandro und Claudia, Annas Freundin gespielt von Monica Vitti, zunächst nach der Verschwundenen zu suchen. Doch das Ziel der Suche entgleitet zunehmend. Oder anders gesagt: Die Kriminalgeschichte wird zur Liebesgeschichte, einer Liebesgeschichte zwischen Claudia und Sandro, in der das Begehren zwischen Verbot und Verbotsüberschreitung fluktuiert und in der der Blick der Verschwundenen Anna gleich einer Anwesenden-Abwesenden über dem neuen potentiellen Liebespaar herrscht. Wie die Geschichte zwischen Piero und Vittoria in *L'eclisse* ist auch die Geschichte zwischen Claudia und Sandro eine „cronaca di un amore mai esistito", eine Liebesgeschichte, die (im traditionellen Sinne) gar keine ist, die Potentialitäten von Glück enthält und am Ende vielleicht wieder aufgelöst wird.

Antonioni verweigert einen eindeutigen Filmschluss, alle Filme der Trilogie schließen mit einem offenen Ende und kreisen um das Geheimnis der Zahl Drei. Alle Liebesgeschichten sind in triangulären Strukturen gefangen. So wie Sandro die verschwundene Anna durch Claudia ersetzt hat, so wird er am Ende des Films Claudia durch eine Prostituierte ersetzen und damit eine neue trianguläre Struktur eröffnen: Ob Claudia ihn ihrerseits ersetzen wird, bleibt offen. Die letzte Einstellung zeigt Claudia (Monica Vitti) und Sandro aus einer Rückenansicht: Claudia legt ihre Hand auf seinen Hinterkopf. (Vgl. Abb. 8) Antonioni bemerkte einst, das Ende sei offen, halb optimistisch, halb pessimistisch:

> [...] questo finale [...] può essere considerato per metà pessimistico per metà ottimistico. [...] il rapporto tra i due non so se sarà duraturo o no, ma è già un risultato che queste due persone non si separino.[6]

In der Geste liegt, so kann man es im Anschluss an Antonioni formulieren, ein mehrdeutiger Affekt des Trostes, vielleicht auch ein Affekt der Trauer und Melancholie über den Verlust, vielleicht aber auch schon die Bejahung zu einer neuen Welt, einer neuen Affektlage jenseits der bisher gültigen, die das Begehren als Spiel und Bewegung bejaht.

Weder die Gesten noch die Blicke der Protagonisten Antonionis sind entschlüsselbar. Sie werfen Fragen auf und verweigern die Antwort. Der Blick der *Donna flâneuse* Monica Vitti auf die Welt ist ein fragender, ein suchender, ein nomadischer Blick. Der Blick begegnet keinem schon dechiffrierten Realen, keiner decodierten kohärenten organischen Welt, sondern einem stets zweideutigen Realen, dessen Lesbarkeit in Frage gestellt wird und dessen Bedeutungen sich entziehen.

---

6   Michelangelo Antonioni, Fare un film è per me vivere. Scritti sul cinema, Venezia, 2001, S. 34.

Abb. 8: Michelangelo Antonioni, L'avventura *(1960).*

Monica Vitti konfrontiert uns mit ihrem Blick auf ein stets zweideutiges Reales, das sich unserer Lesbarkeit entzieht. Damit lässt sie ein neues Kino entstehen: Es ist das Kino des Sehens, das ‚cinéma de voyant'⁷, in dem Monica Vitti selbst als privilegierter Sehfilter die Hauptrolle und damit einen zentralen Angelpunkt in Antonionis Poetik einnimmt. Wie Antonioni bereits in Bezug auf den Protagonisten seines Films *Blow Up* (1966) konstatiert, ist auch die Frau im Kino von Antonioni „un filtro [...], un testimone, non un[a] protagonista"⁸ – ein privilegierter Seh- und Wahrnehmungsfilter.

Die Protagonisten und Protagonistinnen im modernen Kino des Sehens sind – so hat der französische Philosoph Gilles Deleuze vielerorts bemerkt – keine Handelnden mehr, sondern Sehende: „C'est un cinéma de voyant, non plus d'action [...]. [...] le personnage est devenu une sorte de spectateur. [...] Il enregistre plus qu'il ne réagit. Il est livré à une vision, poursuivi par elle ou la poursuivant, plutôt qu'engagé dans une action."⁹ Das moderne Kino zeichnet sich bekannt-

---

7 Vgl. Gilles Deleuze, Cinéma 2. L'image-temps, Paris, 1985, S. 9.
8 Michelangelo Antonioni, Fare un film è per me vivere. Scritti sul cinema, Venezia, 2001, S. 302.
9 Gilles Deleuze, Cinéma 2. L'image-temps, Paris, 1985, S. 9.

lich durch ein Wuchern von optischen Situationen aus. Als Zuschauer dieses Kinos sind wir folglich keine Zuschauer von Handelnden mehr, sondern Zuschauer von Sehenden. Mit anderen Worten: Wir sehen Monica Vitti beim Sehen zu.

Die Antonioni-Forschung hat den Begründerstatus Antonionis als Filmemacher des „cinema dello sguardo" sehr treffend formuliert, hat jedoch oft die entscheidende Rolle Monica Vittis als Sehfilter nur unzureichend herausgestellt: „Antonioni's world is a diagram of sight. It's a program of vision which removes itself from simple recording in order to see how people see."[10] Eine Ausnahme bildet Alain Bergala, der im Katalog der jüngsten Antonioni-Ausstellung in Ferrara und Paris bemerkt: „Lorsque Antonioni choisit Monica Vitti […] il se donne un motif neuf, jamais vu dans le cinéma italien, un prototype de femme moderne qu'il va inscrire et cadrer dans ses plans de façon inédite, une forme et une inspiration pour son invention d'une nouvelle esthétique"[11] („Indem Antonioni sich für Monica Vitti entschieden hat, hat er sich ein vollkommen neues Motiv gegeben, das bisher so im italienischen Kino vorher nicht existiert hatte, nämlich den Prototypen der modernen filmischen Frauenfigur, den er in völlig neuer Weise in seine Einstellungen einschreiben wird, dieser Typ ist die Form und die Inspirationsquelle für eine vollkommen neue Ästhetik." U.F.).

---

10 J. Dudley Andrew, „The stature of objects in Antonioni's Films", in: TriQuarterly, Evanston, Illinois (1968), S. 40–61, hier S. 46, zit. nach Beate Ochsner, „Michelangelo Antonioni: L'eclisse", in: Andrea Grewe/Giovanni di Stefano (Hg.), Italienische Filme des 20. Jahrhunderts in Einzeldarstellungen, Berlin, 2015, S. 119–135, hier S. 122.

11 In: Lo sguardo di Michelangelo. Antonioni e le arti, Fondazione Ferrara Arte Editore, Katalog zur gleichnamigen Ausstellung, Ferrara, März 2013, S. 157.

Im Kino von Antonioni sehen wir Monica Vitti nicht nur sehen, wir sehen sie fühlen, leiden, manchmal sogar lachen. Wir sehen die Welt mit ihren Augen, ohne dass wir die ihrem Sehen zugrunde liegenden Affekte auf der Folie eines wie auch immer gearteten Erklärungsmodells entschlüsseln können. Im Gegenteil: Auch wenn wir an ihrer Wahrnehmung teilhaben können, sie zu unserem Wahrnehmungsfilter wird, verweigert sie sich jeder Form der Identifikation und De-codierung. Gilles Deleuze hat diese Tatsache einmal mit dem Begriff des Risses des sensomotorischen Bandes bezeichnet. Es fehlt das Band, das Motorik und Affekt miteinander verbindet.[12] Mit anderen Worten: Wir wissen nie, warum Monica Vitti etwas tut oder etwas nicht tut.

In den Filmen der Trilogie der Moderne – *L'avventura*, *La notte* und *L'eclisse* – ist Monica Vitti in einer Matrix des Begehrens gefangen, die durch Verbot, Sehnsucht und Überschreitung determiniert ist. Nur in *L'eclisse* schafft sie es, sich aus allen Strukturen zu lösen, um schließlich sich selbst zum Verschwinden zu bringen.[13]

Wie Rada Bieberstein gezeigt hat, ist Monica Vitti im Kino von Antonioni mehr als nur eine Schauspielerin. Sie kann vielmehr als Co-Autorin bezeichnet werden. Es ist ihr Blick, der die Wahrnehmung – und im Film *Il deserto rosso* sogar die Farbgebung – bestimmt.

Die radikale Veränderbarkeit der Welt durch die Wahrnehmung wird in *Il deserto rosso* besonders deutlich. Hier

---

12 Vgl. Gilles Deleuze, Cinéma 2. L'image-temps, Paris, 1985, S. 31–32.
13 Vgl. auch Rada Bieberstein, „Wo bleibt die Großaufnahme, Michelangelo – Die verschwindenden Frauenfiguren von Monica Vitti in den Filmen von Michelangelo Antonioni", in: Bernd Kiefer/Marcus Stiglegger (Hg.), Grenzsituationen spielen, Remscheid, 2006, S. 107–125.

spielt Monica Vitti in überragender Weise die durch Angst- und Wahnvorstellungen bestimmte Protagonistin Giuliana, die durch die Industrielandschaft von Ravenna wandert (Abb. 9). In den Augen Giulianas wird die Industrielandschaft Ravennas zu einer ebenso bizarren wie poetischen Welt, in der Angst und Schrecken, Traum, Wahn und Realität miteinander verschmelzen. Die Subversivität der *Donna flâneuse* Monica Vitti liegt in der Beharrlichkeit ihres Blicks: Sie fordert uns auf, dort hinzusehen, wo es scheinbar nichts zu sehen gibt, unseren Blick aus den normierten Kontrollzusammenhängen zu lösen und in eine heterotopische Welt einzutauchen, in der Traum und Realität, Wahn, Begehren und Schrecken nicht voneinander getrennt sind und in der wir nie wissen, ob das, was wir sehen, Produkt des Virtuellen oder Aktuellen, Realen oder Imaginären ist. „C'è qualcosa terribile nella realtà. La realtà ci sfugge"[14] – „Es liegt etwas Schreckliches in der Realität. Das Reale entzieht sich", hat Antonioni immer wieder bemerkt und Monica Vitti zum Sehfilter dieser ebenso poetischen wie verstörenden Sicht auf die Welt gemacht.

Abb. 9: Michelangelo Antonioni, Il deserto rosso *(1964).*

---

14 Michelangelo Antonioni, zit. nach Lino Miccichè, Cinema italiano. Gli anni '60 e oltre, Venezia, 2002, S. 137.

Es ist vielleicht interessant, zu sehen, dass dieser in *Il deserto rosso* vollzogene Rückzug in die Welt des Imaginären, in eine autarke-autoerotische und poetische Welt in allen Frauenfiguren der Monica Vitti angelegt ist: Schon in der Rolle der Valentina, der Tochter des Mailänder Großindustriellen im Film *La notte*, spielt Monica Vitti eine autarke Gegenfigur zum kapitalistischen System des Boom economico der 60'er Jahre, die sich aus dem oberflächlichen Lärm der mediokren geldgierigen Partygesellschaft zurückzieht, poetische Texte auf Band spricht und eine ephemere imaginäre Liaison mit dem Schriftsteller Giovanni eingeht, der sie nicht wirklich interessiert.

Vielleicht kann man sagen, dass Monica Vitti im Kino von Antonioni in ihren Rollen zwei Gegenpositionen zu jenem Italien des Boom vereint. Sie ist einerseits *Donna flâneuse*, Nomadin, Gegenfigur der kapitalistischen Konsumentin, Wanderin, Spaziergängerin, deren Ballade kein Ziel kennt, und Träumerin, die sich zurückzieht in eine autarke Welt des Imaginären. Epistemologisch betrachtet, bewegt sich Monica Vitti im Kino von Antonioni immer an der Schwelle zwischen Moderne und Nachmoderne. In ihrem Blick haftet ein Hauch von Trauer und Melancholie über den Verlust des Zentrums, in ihrem Lachen, das wir selten hören, liegt schon ein Hauch von Bejahung des Verlusts und Anerkennung des freien Spiels des Zentrums.

Wenn wir sie am Schluss von *L'eclisse* durch die leere Geisterstadt wandern sehen, bis sie sich selbst zum Verschwinden bringt, dann ist das einerseits (vielleicht) eine Geste der Trauer und Melancholie über den Verlust eines wie auch immer gearteten amourösen oder topologischen Zentrums, andererseits aber auch ein maliziöses spielerisches Augenzwinkern und eine Hommage an die Zaubertricks des Kinos selbst, das bekanntlich schon mal gerne eine Dame zum Verschwinden bringt.

III Nomaden in Paris

> Flanieren ist eine Art Lektüre der Straße [...].
> Um richtig zu flanieren, darf man nichts Bestimmtes vorhaben.
> (Franz Hessel)[1]

Im Jahre 1877 stellt Manet sein berühmt gewordenes Skandalbild *Nana* im Schaufenster eines auf japanische Dekoware spezialisierten Warenhauses aus und lässt damit als einer der ersten den Boulevard zum Ort eines skandalträchtigen Medienereignisses werden, das der Romancier Joris-Karl Huysmans wie folgt beschreibt: „matin et soir, l'on s'entasse devant cette toile, et [...] elle soulève des cris indignés et des rires"[2]. Boulevard, Schaulust, Exhibition und Skandal gehen, wie Werner Hofmann und Annabelle Görgen zuletzt gezeigt haben,[3] von Beginn der Boulevardkultur an eine enge Verbindung ein. Die Skandalhaftigkeit des medialen Events – wie man heute sagen würde – ist eine zweifache: Die erste liegt im Bild selbst, in dem von Werner Hofmann vielfach benannten Spiel des Begehrens, das Nana als sich anbietende und entziehende Ware entfacht, sowie in der Anwesenheit des bürgerlichen Freiers im Bild selbst (vgl. Abb. 1). Die zweite uns mehr interessierende

---

1 Franz Hessel, Ein Flaneur in Berlin, Berlin, 1984.
2 Joris-Karl Huysmans, „La Nana de Manet", in: L'artiste de Bruxelles, 13.05.1877, S. 148–149, zit. in: Annabelle Görgen, „Exhibition im 19. Jahrhundert. Nana von Edouard Manet. Die Schaustellung von Körper und Kunst als Ware", in: Jack Bankowsky (Hg.), Pop Life, Hamburg, 2009, S. 39–49, hier S. 43.
3 Werner Hofmann, Nana. Eine Skandalfigur zwischen Mythos und Wirklichkeit, Köln, 1999; Annabelle Görgen, „Exhibition im 19. Jahrhundert. Nana von Edouard Manet. Die Schaustellung von Körper und Kunst als Ware", in: Jack Bankowsky (Hg.), Pop Life, Hamburg, 2009, S. 39–49.

Skandalhaftigkeit liegt im modernen, fast schon postmodernen Gestus der Funktionalisierung eines Gemäldes zur profanen Ware auf einem Boulevard. Ist doch die inmitten von japanischem Nippes ausgestellte Kurtisane Nana primär eine Ware inmitten von Waren, die sich den Passanten darbietet, jedoch mit einem Unterschied: Nana blickt zurück, ihr Blick verlässt den Bildraum und macht damit den Betrachter selbst zum Objekt der Betrachtung. Sie entlarvt den Blick des Voyeurs.

In den habitualisierten Paris-Photographien der 60'er Jahre, wie wir sie von Henri Cartier-Bresson kennen, hat der Voyeur es leichter. Kein Blick wird auf ihn zurückgerichtet, als unbeobachteter Voyeur darf er den Kuss eines Liebespaares in einem Bistro, wahrscheinlich auf einem bekannten Pariser Boulevard, genauso ungestört beobachten wie der unter dem Tisch liegende Hund, ein anderer tierischer Voyeur (vgl. Abb. 2).

Abb. 1: Edouard Manet, Nana *(1877).*

Abb. 2: Henri Cartier-Bresson, ohne Titel, 1969.

Das französische Kino und die französische Photographie der 60'er Jahre stellen zweifellos einen Höhepunkt innerhalb der Geschichte der Medialisierung der Boulevardkultur dar: ein Liebespaar auf der Terrasse eines Pariser Bistro, eine junge Frau im Minijupe in der Brasserie Lipp (Abb. 3), ein schaulustiger *Flâneur* auf einem Boulevard (Abb. 4), Jeanne Moreau, das Gesicht hell erleuchtet, auf dem Boulevard

Haussmann (Abb. 5), Jeanne Seberg alias Patricia auf den Champs-Elysées, eine amerikanische Tageszeitung anpreisend (Abb. 6).

Wer kennt sie nicht, diese bekannten Medialisierungen des Boulevards der französischen Kinematographie und Photographie der 60'er Jahre. Die Photographien von Henri Cartier-Bresson, die Filmbilder von Eric Rohmer, Louis Malle, Jean-Luc Godard sind längst zu Mythen des Alltags geronnen, jederzeit abrufbare Bildklischees im Kino unserer Köpfe geworden. Zu den klassischen Medialisierungen gehört zweifelsohne die Inszenierung des Boulevards als ideale Topographie der *Flânerie*, der Spaziergänge, Balladen, Wanderungen, Irrwege und Abwege der *Flâneuses* und *Flâneurs*, der Träumer und Träumerinnen, der Suchenden und Nomaden, die die Filme der *Nouvelle Vague* bevölkern und die den Paris-Mythos konstituieren. Doch was ist der Paris-Mythos und warum sind die sogenannten Stadtnomaden, die *Flâneurs* und *Flâneuses* die zentralen Protagonisten jenes Mythos? Mit dieser Frage beschäftigen wir uns im Folgenden.

„Elle voulait à la fois habiter Paris et mourir"[4] – „Sie wollte gleichzeitig in Paris leben und sterben", sagt eine dem Mythos Paris verfallene Protagonistin in einem bekannten Roman des 19. Jahrhunderts. „Pauvre petite femme ! On voudrait habiter en ville danser la polka tous les soirs" – „Arme kleine Frau! Die würde gerne in der Stadt leben und jeden Abend Polka tanzen" – so kommentiert der Liebhaber die urbanen Sehnsüchte der Provinzlerin, die mit allerlei Accessoires und Life-Style-Magazinen vergeblich versucht,

---

4 Gustave Flaubert, Madame Bovary, in: ders., Œuvres complètes. Vol. I, hg. v. Albert Thibaudet u. René Dumesnil, Paris, 1951, S. 341.

die „grande ville" zu imitieren. So wie Emma Bovary weinen „milles petites femmes dans les villes de province" und träumen vom urbanen Divertissement in Paris.

Betrachtet man die Fülle der filmischen Arbeiten am Paris-Mythos der letzten Jahrzehnte, so könnte man auf den ersten Blick annehmen, die kultische Verehrung des Paris-Mythos sei bis heute konstant und ungebrochen. So nimmt manch einer den habitualisierten Verehrungstopos, „Je t'aime" aus den *Fragments d'un discours amoureux* gleich in seinem Filmtitel auf, um möglichst viele Emmas in die Kinos zu locken. *Paris je t'aime* lautet dementsprechend der Titel eines internationalen Episodenfilms aus dem Jahre 2006, an dem sich unter anderem so prominente Regisseure wie die Cohan-Brüder, Tom Tykwer und französische Starschauspieler wie Gérard Depardieu an einer Arbeit am Mythos versuchen.

Abb. 3, 4: Henri Cartier-Bresson, Chez Lipp, Paris, *1968; Eric Rohmer,* L'amour l'après-midi *(1972).*

Abb. 5, 6: Louis Malle, L'ascenseur pour l'échafaud *(1958)*;
Jean-Luc Godard, À bout de souffle *(1960)*.

Etwas schlichter *Paris* – auf dem deutschen Markt *So ist Paris* – aus dem Jahre 2008 lautet eine filmische Arbeit am Paris-Mythos von Cédric Klapisch, der in balzacscher Manier eine Art filmische „Galerie Physiologique" der Stadtbewohner entwirft, die vom Gemüsehändler über den Clochard, die schöne Boulangère, die Studentin, den Architekten, die Sozialarbeiterin, den liebeskranken Universitätsprofessor, den Emigranten und das Fotomodell bis zum herzkranken Moulin-Rouge-Tänzer reicht.

Aus dem Rahmen der konventionellen Verehrungsgalerie des Paris-Mythos fallen nur eine Episode aus *Paris je t'aime* und zwei Regiedebüts aus dem Jahre 2007 heraus, die es wagen, ein dekonstruktivistisch-ironisches Spiel mit dem Mythos zu treiben. Hierzu zählt: *2 days in Paris*, das Regiedebüt von Julie Delpy, das als Parodie auf den in jeder Air-France-Werbung bemühten Topos und Mythos „Paris – Stadt der Liebe" und als ironische Re-*écriture* von Godards *À bout de souffle* (1960) und Rossellinis *Viaggio in Italia* (1953) angelegt ist. Als radikale Diskursrenovatio kann auch das Regiedebüt von Audrey Estrougo *Regarde-moi* bezeichnet werden, das die amourösen Handlungen eines Triangle „un homme entre deux femmes" in der *Banlieue* Colombes verortet, die zur theatralen Topographie der Rituale von Gewalt, Begierde und Männlichkeit wird.

Die vier von uns für die nähere Betrachtung ausgewählten Filme – der internationale Episodenfilm *Paris je t'aime* (2006), *Paris* (2008) von Cédric Klapisch, *2 days in Paris* (2007) von Julie Delpy und *Regarde-moi* (2007) von Audrey Estrougo – stehen für jeweils unterschiedliche Haltungen zum Paris-Mythos und für jeweils unterschiedliche Blickdispositive, die wir im Folgenden untersuchen wollen.

Bevor wir auf der Basis einiger prominenter Filmbeispiele der Frage nach der Kontinuität und Diskontinuität des Paris-Mythos nachgehen und die filmische Modellierung seiner Protagonisten untersuchen wollen, möchten wir zunächst einmal einige Basisbausteine unseres Theoriedesigns vorstellen. Paris ist – das lässt sich unschwer behaupten –

ein Konglomerat von stetig anwachsenden kulturellen Einbildungen aus dem Repertoire der Kultur- und Mediengeschichte und damit Produkt einer kontinuierlichen Arbeit am Mythos. Was bedeutet nun der Begriff „Arbeit am Mythos" und welches sind die zentralen Mytheme, die den Paris-Mythos konstituieren?

Mythen sind, so Hans Blumenbergs bekannte Definition, „Geschichten von hochgradiger Beständigkeit ihres narrativen Kerns [...]. Ihre Beständigkeit ergibt den Reiz, sie [...] wiederzuerkennen, ihre Veränderbarkeit, den Reiz der Erprobung neuer und eigener Mittel der Darbietung."[5] Paris ist, so haben es zahlreiche Untersuchungen zu diesem Mythenkomplex von Karlheinz Stierle[6], Horst Weich[7] und anderen gezeigt, eine solche ‚Geschichte von extremer Beständigkeit des Kerns' und Variabilität der Mytheme. Zur Beschaffenheit des Mythos gehört nach Roland Barthes seine artifizielle Provenienz: Der Mythos ist ein Artefakt, das als natürlich erscheint, das heißt seinen Artefaktcharakter verschleiert: „[...] le mythe est constitué par la déperdition de la qualité historique des choses : les choses perdent en lui le souvenir de leur fabrication."[8] Eine filmische Aufnahme von Paris hat einen hohen ‚effet de réel', der ‚Transparenzcharakter' der Aufnahme verdunkelt den Artefaktcharakter. Die unzähligen Varianten von Paris-Inszenierungen in der französischen

---

5 Hans Blumenberg, Arbeit am Mythos, Frankfurt a. M., 1979, S. 40.
6 Karlheinz Stierle, Der Mythos von Paris: Zeichen und Bewußtsein der Stadt, München/Wien, 1993.
7 Horst Weich, Paris en vers: Aspekte der Beschreibung und semantischen Fixierung von Paris in der französischen Lyrik der Moderne, Stuttgart, 1998.
8 Roland Barthes, Mythologies, Paris, 1957, S. 230.

Filmgeschichte können als kreative Arbeit am Mythos Paris begriffen werden.[9]

Von Anfang an wissen die *Nouvelle-Vague*-Regisseure den Mythos Paris für ihre filmische Produktion zu nutzen und vollziehen ihre filmische Arbeit am Mythos. In dem Kollektivprojekt *Paris vu par* (1965) inszenieren die frühen *Nouvelle-Vague*-Regisseure Jean Douchet, Jean Rouch, Jean-Daniel Pollet, Claude Chabrol, Jean-Luc Godard und Eric Rohmer ihre Paris-Visionen.[10] Gemeinsam mit den anderen Regisseuren der *Nouvelle Vague* teilen Eric Rohmer und Jean-Luc Godard die Vorliebe für ein Paris der Suchenden, der Nomaden und Nomadinnen, der Träumenden, der *Flâneurs* und *Flâneuses* und schreiben sich damit in eine lange literarische Tradition von Baudelaires *À une passante*[11] bis Bretons *Nadja* ein. Gleichzeitig erheben die Parisbilder der *Nouvelle-Vague*-Regisseure einen dokumentarischen Anspruch, in dem sie sich schon früh von den traditionellen Inszenierungen der Metropole lösen und die neuen ‚Nicht-Orte', die *Villes nouvelles* wie Cergy-Pontoise und Marne-la-Vallée ebenso wie die *Banlieue* Le-Mans als neue Handlungsräume etablieren.

---

9 Vgl. in diesem Zusammenhang die umfassende Untersuchung von Jean Douchet, Paris cinéma : Une ville vue par le cinéma de 1895–1987, Paris, 1987; zu den Paris-Inszenierungen im französischen Kino der vierziger Jahre vgl. René Jeanne/Charles Ford, Paris vu par le cinéma, Paris, 1969.

10 Vgl. die folgenden Kurzfilme: Jean Douchet, Saint-Germain-des-Prés; Jean Rouch, Gare du Nord; Jean-Daniel Pollet, Rue Saint-Denis; Eric Rohmer, Place de l'Étoile; Jean-Luc Godard, Montparnasse-Levallois.

11 Zu Baudelaires Arbeit am Mythos vgl. die Untersuchung von Claude Pichois, Baudelaires Paris: die Topographie eines verwirrten Lebens, Berlin, 1993.

Auch die aktuellen Filmemacher erweisen sich als Mythographen, die jeweils unterschiedliche Bruchstücke aus dem Arsenal der verfügbaren Mytheme recyceln, aktualisieren, variieren, montieren, verschieben, rekonstruieren und dekonstruieren und ihrerseits auf die Paris-Filme der *Nouvelle Vague* zurückgreifen.

Bevor wir nun das filmische Spiel mit den Paris-Bruchstücken an den einzelnen Beispielen untersuchen wollen, möchten wir noch einen kurzen Blick in den Baukasten der Parismytheme werfen und uns fragen: Welche Basismytheme und welche Blickdispositive konstituieren den Paris-Mythos?

Zwei Basismytheme konstituieren den Paris-Mythos und bilden den Ausgangspunkt für zahlreiche Übermalungen von der Imitatio über die Variatio bis zur Dekonstruktion.

1. Paris als Parcours der *Flâneurs* und *Flâneuses*, der Passanten und Passantinnen, der Träumer und Nomaden, sowie
2. Paris als Theaterbühne, als kleine Komödie der Glücksuche im Zeichen von Selbst- und Fremdbestimmung, von Providentia und Zufall oder als große Bühne des Welttheaters.

Zu den hartnäckigsten Mythemen des Paris-Mythos gehört zweifelsohne die Vorstellung von Paris als idealem Raum der *Flânerie*, der Spaziergänge, Balladen, Wanderungen, Irrwege und Abwege der *Flâneurs* und *Flâneuses*, *Drageurs*, der Träumer und Träumerinnen, der Suchenden und Nomaden, die schon die Filme der *Nouvelle Vague* bevölkern. Nicht zufällig bemerkt Eric Rohmer in diesem Zusammenhang: „J'ai un faible pour les personnages itinérants." Paris wird damit zum privilegierten Raum der „Promenade de fuite", der „Ballade ohne Ziel" und der *Flânerie*.

Ein zentrales Blickdispositiv innerhalb dieses Mythems bildet die ephemere Augenlust des *Flâneur*, wie sie beispielsweise Eric Rohmer in seinem Film *L'amour l'après-midi* inszeniert und Gurinder Chadha in der Episode „Quai de Seine" im Episodenfilm *Paris je t'aime* aktualisiert hat.

Die Großstadt als Bühne für die imaginären Inszenierungen eines flüchtigen, kontingenten Begehrens, das sich in die Körper der Passantinnen auf der Straße oder in das zufällige Gegenüber in der Metro einschreibt, ist seit Baudelaires *À une passante* ein idealer Raum für die begehrlichen Träumereien des *Flâneur*. So überrascht es kaum, dass Rohmer in *L'amour l'après-midi* (1972) die Tagträume seines Protagonisten, eines am Ennui leidenden Rechtsanwalts in einer Traumsequenz gipfeln lässt, in der sich jener dank einer magischen Kette als unwiderstehlicher Liebhaber aller Vorübergehenden imaginiert (vgl. Abb. 7–9). Diese Sequenz liest sich als filmische Aktualisierung von Baudelaires *À une passante*:

> La rue assourdissante autour de moi hurlait.
> Longue, mince, en grand deuil, douleur majestueuse,
> Une femme passa, d'une main fastueuse
> Soulevant, balançant, le feston et l'ourlet ;
> Agile et noble, avec sa jambe de statue.
> Moi, je buvais, crispé comme un extravagant,
> Dans son œil, ciel livide où germe l'ouragan,
> La douceur qui fascine et le plaisir qui tue.
> Un éclair... puis la nuit ! Fugitive beauté
> Dont le regard m'a fait soudainement renaître,
> Ne te verrai-je plus dans l'éternité ? [...][12]

Einer Dame

Geheul der Straße dröhnte rings im Raum.
Hoch, schlank, tiefschwarz,
In ungemeinem Leide

---

12 Charles Baudelaire, „À une passante", in: ders., Les Fleurs du mal, Paris, 1961, S. 103–104.

Schritt eine Frau vorbei,
Die Hand am Kleide
Hob majestätisch den gerafften Saum;

Gemessen und belebt, ihr Knie gegossen.
Und ich verfiel in Krampf und Siechtum
An dies Aug' den fahlen Himmel vorm Orkan
Und habe Lust zum Tode dran genossen.

Ein Blitz, dann Nacht! Die Flüchtige,
nicht leiht sie sich dem Werdenden an ihrem Schimmer.
Seh' ich dich nur noch in der Ewigkeit? [...][13]

Das schon bei Baudelaire explizit genannte Dispositiv der Schaulust, das sich als eine wahrnehmungsästhetische Verkettung von Straßenlärm und Bewegung der Vorübergehenden manifestiert und seinen Höhepunkt im kurzen Blickkontakt mit der „Fugitive beauté" erreicht, wird im Film von Rohmer im genannten Tagtraum des Protagonisten aktualisiert.

Plötzlich lässt Rohmer den Tagtraum seines Protagonisten von der Vereinigung mit der flüchtigen Schönen wieder abbrechen und inszeniert damit jene berühmte in Walter Benjamins Baudelaire-Lektüre erläuterte Figur des Schocks, des abrupten Abbruchs der erotischen Schaulust des Voyeurs:

> Die Entzückung des Großstädters ist eine Liebe nicht sowohl auf den ersten als auf den letzten Blick. Es ist ein Abschied für ewig [...]. So stellt das Sonett die Figur des Chocks, ja die Figur einer Katastrophe dar.[14]

---

13 Walter Benjamin, „Baudelaire Übertragungen", in: Tillman Rexroth (Hg.), Walter Benjamin – Gesammelte Schriften. Vol. IV – 1, Frankfurt a. M., 1991.
14 Walter Benjamin, Charles Baudelaire – Ein Lyriker im Zeitalter des Hochkapitalismus, Frankfurt a. M., 1974, S. 119.

Abb. 7–9: Eric Rohmer, L'amour l'après-midi *(1972).*

In Gurinder Chadhas Episode „Quai de Seine" aus dem Episodenfilm *Paris je t'aime* wird das schon bei Rohmer manifeste Blickdispositiv der Schaulust aktualisiert und gleichzeitig aufgebrochen. Aus dem bourgeoisen *Flâneur* ist ein jugendlicher *Drageur* geworden, der mit seinen Freunden am Ufer der Seine die Körper der Vorübergehenden begehrlich betrachtet und dessen Blick sich im verhüllten Körper einer jungen Muslimin verliert. Die ephemere Erotik des *Flâneur* ist der Liebeskristallisation gewichen. Der *Drageur* ist zum passionierten Liebenden geworden.

Neben den dominanten Mythemen von Paris als Topographie des *Flâneur* und dem damit korrelierenden Blickdispositiv der Schaulust konstituiert ein weiteres zentrales Mythem den Paris-Mythos: die Vorstellung von Paris als Theaterbühne, als einem großen Welttheater, die seit dem 19. Jahrhundert ein konstantes Mythem und ein hartnäckiges Blickdispositiv bildet, das – wie wir zeigen möchten – zur Variation, zur Transformation und zur Dekonstruktion reizt.

Paris als Welttheater, dessen Bühne die Stadt ist, die sich dem Betrachter aus dem Blickdispositiv des Panoramablicks eröffnet, gehört bereits im 19. Jahrhundert zu den zentralen Blickdispositiven in den beliebten kollektiven *Tableaux de Paris*, die als literarische Vorläufer des Episodenfilms gelesen werden können und im aktuellen Film von Klapisch wieder aufgenommen werden. So eröffnet Cédric Klapisch seinen Film *Paris* nicht zufällig mit einem Panoramablick vom Tour Eiffel auf Paris und zitiert damit ein traditionelles Blickdispositiv des 19. Jahrhunderts und damit auch eine bestimmte Epistemologie der Lesbarkeit der Stadt und ihrer Bewohner. Klapisch aktualisiert damit das klassische Mythem von Paris als Weltbühne.

Als Dekonstruktion genau jenes allwissenden Blickdispositivs einer traditionellen Epistemologie sind die Paris-Inszenierungen der *Nouvelle-Vague*-Regisseure zu sehen, die keine vermeintlich allwissenden Panoramablicke auf Paris mehr zeigen wollen und auch schon früh das Interesse am Zentrum der Stadt verlieren, ihre Blicke in die *Banlieue* und *Villes nouvelles* mit ihren HLM verlagern und dort neue und andere Theaterbühnen entdecken, die das Mythem vom großen Welttheater dekonstruieren und andere kleine marginale Geschichten erzählen, die mehr vom Scheitern als vom Glück erzählen.

So liegt Eric Rohmers Primat im Paris der Suchenden, der mobilen nicht-sesshaft Gewordenen oder nicht mehr sesshaft sein Wollenden und Protagonistinnen aus den *Banlieues* und Trabantenstädten, die mal träumend, mal hektisch umher rennend die städtischen Paris-Räume Rohmers bevölkern. Da sind zum Beispiel die Protagonistinnen studentischer oder kleinbourgeoiser Herkunft, wie zum Beispiel Sabine aus *Le beau mariage* (1982), Félicie aus dem *Conte d'hiver* (1992) oder Louise aus *Les nuits de la pleine lune* (1984), die zwischen *Banlieue*, *Ville nouvelle* und Metropole hin- und her pendeln, durch die Metrostationen und Straßen im Feierabendverkehr hasten, auf der Suche nach einem ‚prince charmant', der auch großbourgeoiser Herkunft sein kann. Die aus Le Mans stammende Protagonistin Sabine aus *Le beau mariage* fährt andauernd mit der Metro von ihrem Heimatort nach Paris und zurück. Sucht sie doch in Paris ihre großbourgeoisen Träume von der Heirat mit einem wohlhabenden Rechtsanwalt zu erfüllen. Das Projekt scheitert kläglich. Doch die Fahrt mit der Metro wird bei der letzten ‚Reise' von Paris zurück zur *Banlieue* schließlich doch – Zufall oder Providenz? – zum ‚Lieu du rencontre' (vgl. Abb. 10, 11).

Abb. 10, 11: Eric Rohmer, Le beau mariage *(1982).*

Weniger erfolgreich sind die Parisausflüge der Protagonistin Louise aus *Les nuits de la pleine lune*, eine ‚leibhaftige' Schwester von Emma Bovary, die wie schon Emma von der Großstadt als ‚lieu du divertissement' – „danser la polka tous les soirs" – träumt und dem biederen Freund, mit dem sie ein Reihenhaus in der *Ville nouvelle* Marne-la-Vallée bewohnt, entfliehen will. Von Erfolg gekrönt sind die ‚Pariswanderungen' der Félicie aus dem *Conte d'hiver*, die im Winter gleich einer Paranoiden durch den trüben Feierabendverkehr von Paris hetzt, sich hektisch umschauend, immer auf der Suche nach dem ‚prince charmant', der sie vor ein paar Jahren in den Ferien geschwängert hat und den sie am Ende des Films im Bus trifft. Rohmers Protagonistinnen sind alle Schwestern Emma Bovarys, Gefangene ihrer Illusionen, die von einer großen *Idée reçue* gespeist werden, die man im Sinne eines Flaubert-Pastiche nennen könnte: ‚Paris toujours divertissant et lieu du rencontre amoureux définitif'. Rohmer führt das Scheitern oder die Erfüllung seiner flaubertschen Heldinnen mit ironischer Distanz und einer geheimen Lust an der Dekonstruktion des traditionellen Paris-Mythos vor.

Die Protagonistinnen dieser Geschichten entziehen sich nicht nur dem traditionellen Blickdispositiv des Panoramablicks, sondern auch jedem Versuch einer Lokalisierung im städtischen Raum, sie sind hochmoderne *Flâneuses* und Nomadinnen, die sich in Transiträumen bewegen, immer auf dem Weg von einem „Non-lieu" zum anderen, Passagiere der Metros und Busse im Hin und Her zwischen ihrem Wohnort in der Peripherie und einem Zentrum, dem sie nicht angehören.

Die Episode „16 Arrondissement" von Walter Salles und Daniela Thomas aus dem Episodenfilm *Paris je t'aime* ist die einzige, die sich dem nomadischen Dasein einer Protagonistin widmet, deren Bewegung einer rituellen Wiederholung von Zeichen und Gesten in der *Banlieue* und im Zentrum die Struktur von Wiederholung und Differenz reflektiert und sich einem dekonstruktivistischen Umgang mit dem Mythos des Zentrums verschreibt, das ständig verschoben wird. Das Beispiel zeigt die Transformation des bourgeoisen *Flâneur* zur Jobnomadin des 21. Jahrhunderts.

Wie die zitierte Episode aus *Paris je t'aime* knüpft auch der aktuelle *Banlieue*-Film an den dekonstruktivistischen Gestus der *Nouvelle-Vague*-Regisseure an, die schon in den 70'er Jahren die Leere des Zentrums erkannt haben und das Spiel der Verschiebung des Zentrums in die Peripherie eröffnet haben.

Betrachtet man Cédric Klapischs Paris-Film und den aktuellen *Banlieue*-Film, wie ihn Audrey Estrougo neben Regisseuren wie Abdellatif Kechiche (*L'esquive*, 2003) und Didier Bivel (*Fais-moi des vacances*, 2002) repräsentiert, aus einer vergleichenden Perspektive, dann bemerkt man unschwer, dass die wahrnehmungsästhetische und epistemologische Differenz zwischen diesen beiden Positionen nicht größer sein könnte. Während Klapisch sich an einem Wahrnehmungsdispositiv des 19. Jahrhunderts orientiert, in seinem Paris-Film in nostalgischer Manier noch einmal den Gestus der großen Erzählung von Paris als einem Zentrum des Welttheaters repetiert und die Kamera die Rolle des allwissenden Erzählers/

Beobachters übernehmen lässt, die die Lesbarkeit der Stadt und ihrer Bewohner vorführt, brechen die aktuellen *Banlieue*-Filme mit genau jenen längst überholten Blick- und Wahrnehmungsdispositiven. So lässt beispielsweise Audrey Estrougo in ihrem Film *Regarde-moi* in ihrer in den Wohnblocks der Colombes angesiedelten Geschichte über das Scheitern eines individuellen weiblichen Begehrens die Kamera selbst zum partizipierenden Sehkörper innerhalb der weiblichen und männlichen Jugendgangs werden, eines Sehkörpers, der aus fraktalen Blickdispositiven Bruchstücke sprachlicher und ritueller Gesten von Begehren, Gewalt, Eifersucht und Verliebtheit aufzeichnet, die der Zuschauer selbst deuten muss. Hier wird die *Banlieue* Colombes mit ihren labyrinthischen Wohnblocks aus endlosen Gängen und Türen zum idealen Schauplatz für die Inszenierung eines verbotenen Begehrens, der eine beunruhigende albtraumhafte Qualität erreicht. Die Wohnblocks werden zum Panoptikum einer omnipräsenten Selbstüberwachung, die jede Verortung von Intimkommunikation verunmöglicht.

In jener schon für die *Nouvelle Vague* paradigmatischen Auflösung der Grenzen zwischen Fiktion und Dokumentation, zwischen Lebenswirklichkeit und Inszenierung reflektiert der aktuelle *Banlieue*-Film nicht nur den längst vollzogenen Wandel der Metropole zur übermodernen Megalopole, sondern unternimmt auch eine radikale Dekonstruktion der Paris-Mythen des 19. Jahrhunderts und ihrer überholten Epistemologie der Lesbarkeit der Stadt und ihrer Bewohner. Damit stehen die aktuellen Paris-Filme insgesamt im Zeichen einer ruinösen Epistemologie, innerhalb derer jede Liebeserklärung nur als ironisches Zitat verstanden werden kann.

Als eine solche ironisch-ludische Verkehrung des „Paris je t'aime"-Mythems und als Parodie auf die französischen Nationalmythen kann schließlich Julie Delpys Film *2 days in Paris* gelesen werden, in dem sie ihrem amerikanischen

Freund die Worte „I hate Paris" in den Mund legt. Mit ihrer ironischen Mythendemontage knüpft Julie Delpy an die literarische Tradition des satirischen Tadels an, die Rousseau, der selbst in einer Hassliebe zu Paris entflammt war, einst in schönen Versen dargeboten hatte: „Paris, malheureux qui t'habite / Mais plus malheureux mille fois / Qui t'habite de son pur choix"[15].

Auch Delpys Lust an der parodistischen Demontage von Nationalmythen geht letztlich auf die *Nouvelle Vague* zurück. Hatte doch schon Godard in *Bande à part* (1964) den Louvre lustvoll entheiligt und zur Spielwiese für einen Wettlauf erklärt, eine berühmte Demontage des Nationalheiligtums, die Bertolucci in seiner Replik auf Godard bekanntlich noch einmal zitiert.

---

15 Zit. nach Karlheinz Stierle, Der Mythos von Paris: Zeichen und Bewußtsein der Stadt, München/Wien, 1993, S. 89.

IV Clochard, Milliardär und Stadtnomade. Rohmers *Signe du lion*

Eric Rohmers Film *Le signe du lion* aus dem Jahre 1959 konstituiert ein Musterbeispiel für das philosophische Kino der Existenzweisen im Sinne von Deleuze.[1] Mit zwei konkurrierenden Existenzweisen oder anders gesagt mit zwei philosophischen Optionen wird der Zuschauer des Films konfrontiert: Steht das Leben im Zeichen der Selbst- oder der Fremdbestimmung? Ist der Zufall oder die astrologische Ordnung – in unserem Fall das Sternzeichen des Löwen – für das Schicksal des Protagonisten verantwortlich? In Bezug auf die Topographie von Paris, die den zentralen Handlungsort des Films darstellt, bedeuten diese Fragen: Ist Paris Schauplatz des Wirkens einer unergründbaren Kraft namens Zufall oder konstituiert Paris eine ideale Topographie für das Wirken der göttlichen Vorsehung? Diese Fragen werden auf den ersten Blick mit einer klaren Option für die Fremdbestimmtheit des menschlichen Daseins beantwortet, womit der Film nichts anderes vorführe als die Beweisführung der schon im Titel signalisierten Behauptung: *Le signe du lion*. Das Zeichen des Löwen wäre also Regisseur und Generator des Schicksals, besser gesagt der Fortune, unseres Protagonisten.

Der Protagonist wäre nichts anderes als ein „agent aveugle", ein blinder Agens der fremden Macht der Sterne, die sein Dasein, sein Glück und sein Unglück bestimmen. Wer Rohmers Filme anders liest, wer der scheinbaren Transparenz der Handlung bei Rohmer misstraut, der wird dieser

---

[1] Vgl. Gilles Deleuze, Cinéma 2. L'image-temps, Paris, 1985, S. 231.

einfachen Lesart nicht folgen wollen, der wird die Frage ‚hasard ou providence ?', ‚Zufall oder Vorsehung' bewusst in der Schwebe halten wollen. Ein prominenter Verfechter von der These der radikalen Offenheit der Filme Eric Rohmers, ihrer irreduziblen Ambivalenz ist der Kritiker, Regisseur und Drehbuchautor Pascal Bonitzer.[2] Im Sinne einer *lecture plurielle*, die sich an dem Modell eines radikalen Pluralismus und einer Offenheit des Sinns im Anschluss an Deleuze orientiert, werden wir also im Folgenden verschiedene Denkfiguren am Film erproben, das geistige Kino auf die Probe stellen. Zunächst eine knappe Synopsis der filmischen Handlung, die sich in wenigen Sätzen resümieren lässt: Da ist der begnadete aber bisher erfolglose Musiker und Bohemien Pierre Wesselrin, der seit langem versucht eine Sonate zu Ende zu schreiben und der eines morgens die Nachricht erhält, seine Tante sei gestorben, woraus er schließt, dass er Milliardär wird, augenblicklich alle seine Freunde anruft, sich 50.000 Francs ausleiht und ein dionysisches Fest gibt, bei dessen Höhepunkt er zum Dank für seine Fortune auf den Venusstern schießt. Doch der Traum vom milliardenschweren Erbe hält nicht länger als eine Nacht. Bereits am Morgen nach dem Fest erfährt Pierre Wesselrin, dass seine Tante ihn enterbt hat und alles seinem Cousin vermacht hat. Von einem Tag auf den anderen wird Pierre vom potentiellen Milliardär zum Clochard, der immer auf der Suche nach Geld und Essen durch Paris streift. In der Hitze des Augustmonats, in dem alle seine Freunde verreist sind, vagabundiert Pierre durch Paris. (Vgl. Abb. 1, 2)

---

[2] Vgl. Pascal Bonitzer, Eric Rohmer, Paris, 1991, S. 78: „Hasard ou providence ? Pure question d'interprétation."

Abb. 1, 2: Eric Rohmer, Le signe du lion *(1959).*

Der Film protokolliert die Stationen des körperlichen und seelischen Verfalls eines Menschen in tragisch-komischen Szenen und Momenten halluzinatorischer Wahrnehmung. Die Intensität des Hungers lässt ihn Blätter von den Bäumen essen, er beobachtet die heiter verspielten Liebespaare, die scherzenden sorglosen Familien, die tratschenden Freundinnen am Ufer der Seine. Er selbst repräsentiert das radikale Außen, die andere Wahrnehmung, die Abwesenheit von Glück und Leichtigkeit. Er zerbricht an der Schwere seiner Existenz, in der es nur noch um das pure Überleben geht, die Hoffnung etwas zu essen oder zu trinken zu finden. Beim Versuch, ein Päckchen Kekse auf dem Markt zu stehlen, wird er erwischt und geschlagen. Er beobachtet einen Bettler in einem Café und scheint sein eigenes Schicksal vor Augen zu sehen. Fluchend irrt er durch die Tage und Nächte, immer am Ufer der Seine entlang, schläft auf Brücken, sucht Abfälle auf dem Markt (vgl. Abb. 3, 4) und in der Seine, scheitert kläglich beim Versuch ein Essenspäckchen aus der Seine zu fischen.

Abb. 3, 4: Eric Rohmer, Le signe du lion *(1959).*

Sein Gang verändert sich, wird zunehmend langsamer, schleppender. Die Erfahrung des existentiellen Abgrunds modifiziert die Wahrnehmung, diese wird zunehmend halluzinatorisch. Das glitzernde Wasser der Seine wird aufgeladen mit Hunger- und Todesphantasmen. Durch die Strategie der Auflösung der Differenz zwischen subjektiver und objektiver Kameraperspektive wird der Zuschauer in die Wahrnehmungswelt des Protagonisten mit einbezogen, wird gezwungen, seine Todes- und Hungerphantasmen zu teilen. „Saleté des pierres, saleté de Paris !" – Wut und Hass auf die eigene Existenz entladen sich an den Steinen am Ufer der Seine.

Der Film inszeniert die tragisch-komische Serie eines Scheiterns, das im Zusammenbruch des Protagonisten gipfelt. Tragisch und zugleich clownesk wirkt eine Szene, in der Pierre verzweifelt versucht mit einem Stück Taschentuch seinen aufgerissenen Schuh zuzubinden, tragisch-komisch ist auch der gescheiterte Versuch eine Essenstüte aus der Seine zu fischen, die am Ende nichts weiter als einen Haufen Dreck enthält.

Ist es nun Zufall oder Vorsehung, dass Pierre im Moment seines Zusammenbruchs am Ufer der Seine von einem clownesken Clochard gefunden wird und mit diesem durch die Straßen zieht, kleine groteske Theaterstücke aufführt und eines Abends Gelegenheit hat in einem Café in Saint-Germain, in dem die einzigen Freunde sitzen, die nicht verreist sind, seine unvollendete Sonate zu spielen, die als Erkennungsmelodie fungiert? Ist es Zufall oder Providenz, dass wenige Momente zuvor, als Pierre die Momente eines symbolischen Suizids erlebt, sein Cousin einen tödlichen Unfall erleidet, worauf Pierre wieder zum Milliardär wird?

Es gehört zu den Raffinessen des modernen Kinos der Existenzweisen, dass diese Fragen absichtsvoll unbeantwortet bleiben. Der Film schließt mit einem letzten Blick gen Himmel, der im Zeichen des Löwen steht. Waren nun doch die Sterne für das grandiose Schicksal unseres Protagonisten zuständig? Wir schließen unsere Überlegungen mit den Worten von Pascal Bonitzer: „Hasard ou providence ? Pure question d'interprétation"[3] – Zufall oder Vorsehung? Das ist eine Frage der Interpretation.

---

3   Pascal Bonitzer, Eric Rohmer, Paris, 1991, S. 78.

V Die moderne Stadtnomadin. Nomadismus zwischen Zentrum und Peripherie

Ein Musterbeispiel für Rohmers Lust an der Inszenierung jener ruhelosen Stadtnomadinnen konstituiert die Figur der Louise aus dem Filmzyklus der *Comédies et proverbes* in *Les nuits de la pleine lune*, die wir abschließend noch einmal etwas genauer in den Blick nehmen wollen.

„Man langweilt sich! Man würde gerne in der Stadt wohnen, jeden Abend Polka tanzen!"[1] – der Beginn des Films scheint den Zuschauer auf den bekannten *Parcours* der Emma Bovary zu führen: Louise verlässt die Trabantenstadt Marne-la-Vallée, in der sie mit ihrem Freund einen modernen Wohnblock bewohnt, und nimmt den *RER* nach Paris (vgl. Abb. 1, 2).

Abb. 1, 2: Eric Rohmer, Les nuits de la pleine lune *(1984).*

---

[1] Gustave Flaubert, Madame Bovary, in: ders., Œuvres complètes. Vol. I, hg. v. Albert Thibaudet u. René Dumesnil, Paris, 1951, S. 410: „Et on s'ennuie ! on voudrait habiter la ville, danser la polka tous les soir."

Tanzen, eine „nuit blanche" verbringen, ausschweifende Vergnügen, diese Wünsche koppelt auch Louise an die Orte jenseits der „douceur du foyer" wie schon ihre literarische Schwester Emma.

„Die lechzt ja nach Liebe wie der Karpfen auf dem Küchentisch nach Wasser"[2] – so wie der raffinierte Provinz-Don-Juan Rodolphe Emma einschätzt, so schätzt wohl der nicht minder raffinierte Großstadt-Don-Juan Octave Louises Seelenzustand ein und liegt dabei gar nicht so falsch. Allerdings führen seine Verführungsstrategien nicht mehr zu konkret sichtbaren Erfolgen. Louise verschiebt ihre erotischen Sehnsüchte auf ein anderes Objekt der Begierde. Allerdings kommt Octave immerhin das ‚Verdienst' zu, Louise mental zur Inconstantia zu führen, indem er immer wieder bemerkt, wie deprimierend das Leben in der Vorstadt sei, wie wenig sie und ihr ‚kruder bestialischer' Freund zueinander passen und dass sie eigentlich einen besseren verdient habe:

> Octave : La banlieue me déprime. Je ne comprends pas comment tu as pu aller t'enterrer là-bas. […] Tu es tellement au-dessus de lui ! Je ne veux pas être méchant, mais votre couple est le cas typique d'une désagrégation. […] L'idée de te savoir dans les bras d'un homme, quel qu'il soit, m'est insupportable. À plus forte raison, les types que tu fréquentes, qui sont d'une animalité pathétiquement bestiale.[3]

Immer wieder formuliert Octave seine klischeehafte patriotische ‚éloge' auf die kosmopolitische Metropole im Gegensatz zum ‚erdrückenden' Ennui von *Banlieue* und Provinz:

---

2 Gustave Flaubert, Madame Bovary, in: ders., Œuvres complètes. Vol. I, hg. v. Albert Thibaudet u. René Dumesnil, Paris, 1951, S. 410: „Ca baille après l'amour comme une carpe après l'eau dans une table de cuisine."

3 Eric Rohmer, Les nuits de la pleine lune, in: ders., Comédies et proverbes, Vol. II, Paris, 1999, S. 12–18.

> Ici [à Paris] ça ne m'angoisse pas. L'air est mauvais, mais je respire. À la campagne, l'air est bon, mais j'étouffe. J'ai besoin de me sentir au « centre ». Au centre d'une ville, qui est au centre d'un pays qui est, à certains égards, le centre du monde.[4]

Der Film baut so auf sprachlicher wie visueller Ebene eine Generaldichotomie zwischen dem Ennui der Trabantenstadt und dem vermeintlichen *Bonheur* der Großstadt auf, die erst zum Schluss im mythoklastischen Sinn invertiert wird. Jene Generaldichotomie – Glück der Metropole versus Langeweile in der Peripherie – differenziert sich in weitere Gegensätze auf der Mikroebene: als Dichotomie auf der Ebene der ‚life-style'-Entwürfe von Louise und Rémy, d. h. als Gegensatz zwischen einem funktional-pragmatisch orientierten Lebensentwurf, wie er von Rémy vertreten wird, und einem libertinen Entwurf, wie er von Octave vertreten wird, von dem sich Louise angezogen fühlt. So unterscheiden sich die Intérieurs der Wohnungen der Metropole fundamental von denen des Reihenhauses der Trabantenstadt. Die Pariser Intérieurs tragen Insignien eines arrivierten Bildungsbürgertums: großzügige Altbauwohnungen gefüllt mit immensen Bücherregalen. Das Intérieur des Reihenhauses trägt primär funktional-pragmatische Insignien. Spuren eines bildungsbürgerlichen Geschmacks sind indes auch hier erkennbar: Mondrian-Bilder schmücken die Wände, moderne Designermöbel schmücken die Räumlichkeiten. So unterschiedlich wie die Gestaltung der Innenräume (Paris versus Marne-la-Vallée) ist der Dresscode ihrer Bewohner. Die Filmbilder zeigen Louise als fragilen Frauentypus, der sich mal erotisch-feminin, mal androgyn-clownesk inszeniert und die

---

4   Eric Rohmer, Les nuits de la pleine lune, in: ders., Comédies et proverbes, Vol. II, Paris, 1999, S. 32.

aktuelle Mode der Pariser Designerin Dorothée Bis trägt, eine Affinität zu Kunst und Design hat, kleine Lichtinstallationen anfertigt, gerne ausgeht und tanzt. Ihr Freund Rémy wird gezeigt als ein Typ von kruder Physiognomie, der biedere Kleidung trägt, Tennis spielt, mit Heimhanteln auf dem Balkon des Reihenhauses trainiert, weder tanzt noch gerne ausgeht. Als sich Rémy nach einem Disput mit Louise als „heureux imbécile", als „glücklichen Trottel" bezeichnet und sich in einem cholerischen Anfall selbst schlägt, wird überdeutlich an seine ‚intertextuelle Verwandtschaft' mit Charles Bovary appelliert.

Auch Louises erstes Divertissement in der Hauptstadt auf der Party einer großzügigen Altbauwohnung, bei der sie die Erotik des Tanzens mit einem jungen Typen genießt, während Rémy – der als unerwünschter Gast auftaucht – mit gelangweilter Miene in der Ecke steht, verweist auf Madame Bovarys erstes außerprovinzielles Divertissement auf dem Schloss Vaubyessard, bei dem sie im Tanz mit einem Vicomte jenen erotischen Schwindel erfährt, der ihr für immer den Kopf verdrehen wird[5] und sie mit jener „insatisfaction romanesque" infiziert, die in die Mediengeschichte eingegangen ist:

> [...] aux fulgurations de l'heure présente, sa vie passée, si nette jusqu'alors, s'évanouissait toute entière et elle doutait presque de l'avoir vécue.[6]

---

5   Vgl. Gustave Flaubert, Madame Bovary, in: ders., Œuvres complètes. Vol. I, hg. v. Albert Thibaudet u. René Dumesnil, Paris, 1951, S. 342: „Son voyage à la Vaubyessard avait fait un trou dans sa vie, à la manière de ces grandes crevasses qu'un orage, en une seule nuit, creuse quelquefois dans les montagnes".
6   Vgl. Gustave Flaubert, Madame Bovary, in: ders., Œuvres complètes. Vol. I, hg. v. Albert Thibaudet u. René Dumesnil, Paris, 1951, S. 338.

In einer kreisenden Bewegung sucht die Kamera den erotisierten Vertigo der tanzenden Louise einzufangen. Im weit dekolletierten schulterfreien, mit Reißverschlüssen versehenen schwarzen hautengen Kleid ist Louise das erotische Zentrum der Tanzkonfiguration (Abb. 3). Der kreisende, Gesichter und Körper der tanzenden Menge fokussierende und fragmentierende Kamerablick kann als inneres Sehen, als suchender, begehrender Blick der Louise gelesen werden (Abb. 4). Ihr Blick ist fahrig, kontingent, fokussiert den Körper eines jugendlichen Rockers (Abb. 5). Dann verlässt die Kamera die innere Perspektive und wechselt zum äußeren voyeuristischen Blick auf die zuckenden erotisierten Beine des tanzenden Paares.

Die Szene wird sich auf einer anderen Party wiederholen und zu Louises erotischer Transgression führen, die Rohmer in einer für ihn ungewöhnlichen Videoclip-Ästhetik vorführt. Die Wahrnehmungsraster der Pop- und Rockkultur der achtziger Jahre kadrieren den erotischen Ausflug von Louise und dem jungen Rockmusiker: Man geht essen, tanzen, fährt mit dem Motorrad durch die nächtliche Großstadt. Großaufnahmen des leuchtenden Vollmonds werden als Inserts der clipartigen Handlung (Essen, Tanzen, Motorrad fahren) untergeschoben. Die Begegnung trägt keine Insignien individueller Natur. Das Objekt der Begierde bleibt namenlos. Auf einen Dialog des Paares wird bewusst verzichtet. Louise erlebt ihre amouröse Transgression als Videoclip einer Mondscheinnacht (Abb. 6). War doch auch die Selektion des Objekts der Begierde nicht durch individuelle Erwartungen motiviert. Eben hierin unterscheidet sich Louise wesentlich von ihrer literarischen Schwester des neunzehnten Jahrhunderts, die mit ihren erotischen Transgressionen, vor allem mit dem ersten Liebhaber Rodolphe, noch ‚romantische Glückserwartungen‘ verbindet:

Elle entrait dans quelque chose de merveilleux où tout serait passion, extase, délire ; une immensité bleuâtre l'entourait […] et l'existence ordinaire n'apparaissait qu'au loin, tout en bas […].⁷

Louise bemerkt schlicht: „Il m'attire." An die erotische Transgression wird kein Glücksdispositiv mehr gekoppelt. Am frühen Morgen verlässt Louise den schlafenden Liebhaber. Abgeklärt sitzt sie im Café und erzählt ihrem Tischnachbarn von ihrer ‚Nuit de la pleine lune'.

Abb. 3–6: Eric Rohmer, Les nuits de la pleine lune *(1984).*

---

7   Gustave Flaubert, Madame Bovary, in: ders., Œuvres complètes. Vol. I, hg. v. Albert Thibaudet u. René Dumesnil, Paris, 1951, S. 439.

Nach Louises erotischer ‚aventure' steht die Erkenntnis von der Verschiebung des Zentrums, von der sie ihrem Tischnachbarn berichtet:

> C'est très difficile de vivre dans deux endroits à la fois. Quand je suis dans l'un, j'ai envie d'être dans l'autre. Et jusqu'ici, ça n'avait fonctionné que dans un sens. Mais maintenant, le sens est inversé. [...] Je me sentais comme une prisonnière de mon appartement de banlieue. J'étais comme en exil. Et c'est pour ça que j'ai voulu avoir un pied-à-terre à Paris. Je m'y sens vraiment bien, c'est comme au centre du monde. Mais cette nuit, le rapport s'est inversé. L'exil est ici, le centre là-bas [à Marne-la-Vallée].[8]

Mit der weiblichen Figur der Louise scheint Rohmer einen Prototypus der nachmodernen Hysterikerin entwickelt zu haben. Louise scheint an einer ähnlichen „maladie nerveuse" zu leiden wie ihre literarische Schwester Emma, auch scheint der Grund ihrer permanenten Mobilität in einer „insatisfaction romanesque" zu liegen. Doch während Emma Bovary an ihre Liebhaber noch die Phantasie einer erfüllten Glücksvorstellung koppelt und damit den *Adulterio* zu ihrem amourösen und topologischen ‚Zentrum' macht, bleibt Louise ein tragisch-komischer weiblicher Chaplin ohne Zentrum. Immer auf der Suche, immer mobil, bewegt sie sich von einem Nicht-Ort zum anderen. Auch Louises erotische ‚aventure' mit dem jungen Rockmusiker löst keine amouröse und auch keine topologische Fixierung des Zentrums auf die Metropole aus, sondern wieder eine neue Verschiebung des Zentrums in Richtung Rémy. Am Ende, nachdem Louise von Rémy erfährt, dass dieser in der neuen Geliebten Marianne, der Freundin einer Freundin, die ‚Frau seines Lebens' gefunden zu haben glaubt, steht die zwangsläufige Erkenntnis

---

8   Eric Rohmer, Les nuits de la pleine lune, 1999, S. 50–51.

vom Verlust des amourösen wie topologischen Zentrums, zu dem Louise zuvor die Trabantenstadt noch einmal kurzfristig erklärt hatte. Louises Erkenntnis vom Verlust des Zentrums hat – so könnte man ihre Situation im Anschluss an Derrida beschreiben – zwei Aspekte, einen traurigen, nostalgischen, der im Zeichen von Rousseau den Verlust beklagt, und einen fröhlichen, bejahenden im Zeichen von Nietzsche.⁹ Louise verkörpert beide Aspekte auf affektiver Ebene. Sie beweint zunächst den Verlust, dann bricht sie auf, um das freie Spiel der Verschiebung, das „NICHT-ZENTRUM" zu bejahen. In der Schlusseinstellung des Films sehen wir Louise auf dem Weg zur Haltestelle des *RER*. Sie wird zurück nach Paris fahren. Damit wird Louise wieder in einen Zustand der Mobilität entlassen: Das ‚freie Spiel des Zentrums' kann von neuem beginnen.

„Qui a deux femmes perd son âme. Qui a deux maisons perd sa raison" – „Wer zwei Frauen hat, verliert seine Seele. Wer zwei Häuser hat, verliert den Verstand" – ein „dicton champenois", ein Sprichwort aus der Champagne, wird der Filmhandlung vorausgeschickt. (Abb. 7) Was ist die Funktion des genannten Sprichworts und in welchem Verhältnis steht es zur filmischen Handlung? Handelt es sich um eine vorangestellte Hypothese und wäre der Film als Beweisführung der gleichen zu lesen? Natalie Binczek hat am Beispiel des

---

9   Vgl. Jacques Derrida, „La structure, le signe et le jeu", in: ders., L'écriture et la différence, Paris, 1967, S. 409–429, hier S. 427: „Tournée vers la présence, perdue ou impossible, de l'origine absente [...] est donc la face triste, négative, nostalgique, coupable, rousseauiste, de la pensée du jeu dont l'affirmation nietzschéenne, l'affirmation joyeuse du jeu du monde et de l'innocence du devenir, l'affirmation d'un monde de signes sans faute, sans vérité, sans origine, offert à une interprétation active, serait l'autre face."

Proverbe von *Pauline à la plage*[10] (1983) gezeigt, wie das als theorematische Ausgangsbasis fungierende *Proverbe* kontingent wird. Wie verhält es sich mit dem champagnischen *Proverbe* dieses Films?

Abb. 7: Eric Rohmer, Les nuits de la pleine lune *(1984).*

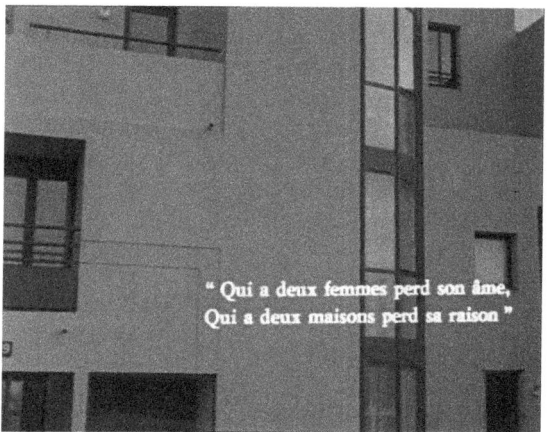

Die champagnische Redensart stellt ostentativ eine Redefigur aus, die dem flaubertschen *Sottisier*, dem Wörterbuch der Plattheiten, entnommen sein könnte. Die Herstellung eines Bezugs zwischen der *Idée reçue* des Sprichworts und den amourösen Handlungen der Figuren lässt keine ernsthafte Kohärenzstiftung zu. Im Gegenteil.

---

10 Natalie Binczek, „Das Proverbe und die Geschichte. Wie das Theorem in *Pauline à la plage* problematisch wird", in: Uta Felten/Volker Roloff (Hg.), Rohmer intermedial, Tübingen, 2001, S. 65–87.

Nach der Erkenntnis des grundsätzlichen Verlusts des Zentrums – des amourösen wie des topologischen – kann die ‚bêtise' – die dem Sprichwort inhärente Umkehrung seiner Behauptung, dass der monogame Sesshafte weder Seele noch Verstand verliert – nur ironisch gelesen werden. Das vorangestellte *Proverbe* kommentiert damit aus ironischer Perspektive das immer kontingente Hin- und Herswitchen eines Begehrens, das, so könnte man im Anschluss an Deleuze formulieren, zur „reinen Bewegung" geworden ist, die durch kein Ziel beendet werden kann.[11] Louise ist vielleicht die deleuzianischste der weiblichen Protagonistinnen Rohmers, weil sie am Ende das binäre Kino der Existenzweisen verlässt und sich in einen Raum des freien Zirkulierens begibt, in dem alle Entscheidungen für immer aufgehoben scheinen.

---

11 Nach Deleuze/Guattari wird das Begehren als eine Kategorie des Außen verstanden, das einen Zustand der reinen Bewegung anstrebt (vgl. Gilles Deleuze/Félix Guattari, Mille plateaux. Capitalisme et schizophrénie 2, Paris, 1980, S. 267); vgl. in diesem Zusammenhang auch Friedrich Balkes Erläuterungen zum Begriff des Begehrens bei Deleuze in: Friedrich Balke, Gilles Deleuze, Frankfurt a. M., 1998, S. 131–134.

Nach Louises erotischer ‚aventure' steht die Erkenntnis von der Verschiebung des Zentrums, von der sie ihrem Tischnachbarn berichtet:

> C'est très difficile de vivre dans deux endroits à la fois. Quand je suis dans l'un, j'ai envie d'être dans l'autre. Et jusqu'ici, ça n'avait fonctionné que dans un sens. Mais maintenant, le sens est inversé. [...] Je me sentais comme une prisonnière de mon appartement de banlieue. J'étais comme en exil. Et c'est pour ça que j'ai voulu avoir un pied-à-terre à Paris. Je m'y sens vraiment bien, c'est comme au centre du monde. Mais cette nuit, le rapport s'est inversé. L'exil est ici, le centre là-bas [à Marne-la-Vallée].[8]

Mit der weiblichen Figur der Louise scheint Rohmer einen Prototypus der nachmodernen Hysterikerin entwickelt zu haben. Louise scheint an einer ähnlichen „maladie nerveuse" zu leiden wie ihre literarische Schwester Emma, auch scheint der Grund ihrer permanenten Mobilität in einer „insatisfaction romanesque" zu liegen. Doch während Emma Bovary an ihre Liebhaber noch die Phantasie einer erfüllten Glücksvorstellung koppelt und damit den *Adulterio* zu ihrem amourösen und topologischen ‚Zentrum' macht, bleibt Louise ein tragisch-komischer weiblicher Chaplin ohne Zentrum. Immer auf der Suche, immer mobil, bewegt sie sich von einem Nicht-Ort zum anderen. Auch Louises erotische ‚aventure' mit dem jungen Rockmusiker löst keine amouröse und auch keine topologische Fixierung des Zentrums auf die Metropole aus, sondern wieder eine neue Verschiebung des Zentrums in Richtung Rémy. Am Ende, nachdem Louise von Rémy erfährt, dass dieser in der neuen Geliebten Marianne, der Freundin einer Freundin, die ‚Frau seines Lebens' gefunden zu haben glaubt, steht die zwangsläufige Erkenntnis

---

8 Eric Rohmer, Les nuits de la pleine lune, 1999, S. 50–51.

vom Verlust des amourösen wie topologischen Zentrums, zu dem Louise zuvor die Trabantenstadt noch einmal kurzfristig erklärt hatte. Louises Erkenntnis vom Verlust des Zentrums hat – so könnte man ihre Situation im Anschluss an Derrida beschreiben – zwei Aspekte, einen traurigen, nostalgischen, der im Zeichen von Rousseau den Verlust beklagt, und einen fröhlichen, bejahenden im Zeichen von Nietzsche.[9] Louise verkörpert beide Aspekte auf affektiver Ebene. Sie beweint zunächst den Verlust, dann bricht sie auf, um das freie Spiel der Verschiebung, das „NICHT-ZENTRUM" zu bejahen. In der Schlusseinstellung des Films sehen wir Louise auf dem Weg zur Haltestelle des *RER*. Sie wird zurück nach Paris fahren. Damit wird Louise wieder in einen Zustand der Mobilität entlassen: Das ‚freie Spiel des Zentrums' kann von neuem beginnen.

„Qui a deux femmes perd son âme. Qui a deux maisons perd sa raison" – „Wer zwei Frauen hat, verliert seine Seele. Wer zwei Häuser hat, verliert den Verstand" – ein „dicton champenois", ein Sprichwort aus der Champagne, wird der Filmhandlung vorausgeschickt. (Abb. 7) Was ist die Funktion des genannten Sprichworts und in welchem Verhältnis steht es zur filmischen Handlung? Handelt es sich um eine vorangestellte Hypothese und wäre der Film als Beweisführung der gleichen zu lesen? Natalie Binczek hat am Beispiel des

---

9   Vgl. Jacques Derrida, „La structure, le signe et le jeu", in: ders., L'écriture et la différence, Paris, 1967, S. 409–429, hier S. 427: „Tournée vers la présence, perdue ou impossible, de l'origine absente [...] est donc la face triste, négative, nostalgique, coupable, rousseauiste, de la pensée du jeu dont l'affirmation nietzschéenne, l'affirmation joyeuse du jeu du monde et de l'innocence du devenir, l'affirmation d'un monde de signes sans faute, sans vérité, sans origine, offert à une interprétation active, serait l'autre face."

VI Filmographie

Michelangelo Antonioni, *L'avventura* (I/F, 1960)
Michelangelo Antonioni, *La notte* (I/F, 1961)
Michelangelo Antonioni, *L'eclisse* (I/F, 1962)
Michelangelo Antonioni, *Il deserto rosso* (I, 1964)
Michelangelo Antonioni, *Blow up* (GB, 1966)
Michelangelo Antonioni, *Professione: reporter* (I/F/E/USA, 1975)
Michelangelo Antonioni, *Il mistero di Oberwald* (I, 1981)
Didier Bivel, *Fais-moi des vacances* (F, 2002)
Gurinder Chadha, Ethan und Joel Coen, Isabel Coixet u. a., *Paris je t'aime* (F/D/FL/CH, 2006)
Julie Delpy, *2 days in Paris* (F/D, 2007)
Jean Douchet, Jean Rouch, Jean-Daniel Pollet, Claude Chabrol, Jean-Luc Godard, Eric Rohmer, *Paris vu par* (F, 1965)
Audrey Estrougo, *Regarde-moi* (F, 2007)
Jean-Luc Godard, *À bout de souffle* (F, 1960)
Jean-Luc Godard, *Vivre sa vie* (F, 1962)
Jean-Luc Godard, *Bande à part* (F, 1964)
Jean-Luc Godard, *Deux ou trois choses que je sais d'elle* (F, 1967)
Abdellatif Kechiche, *L'esquive* (F, 2003)
Cédric Klapisch, *Paris* (F, 2008)
Louis Malle, *L'ascenseur pour l'échafaud* (F, 1958)
Christian Petzold, *Gespenster* (D, 2005)
Christian Petzold, *Yella* (D, 2007)

Eric Rohmer, *Signe du lion* (F, 1959)
Eric Rohmer, *L'amour l'après-midi* (F, 1972)
Eric Rohmer, *Le beau mariage* (F, 1982)
Eric Rohmer, *Pauline à la plage* (F, 1983)
Eric Rohmer, *Les nuits de la pleine lune* (F, 1984)
Eric Rohmer, *Conte d'hiver* (F, 1992)
Roberto Rossellini, *Viaggio in Italia* (I/F, 1953)
Wim Wenders, *Der amerikanische Freund* (BRD/F, 1977)
Wim Wenders, *Everything will be fine* (D/CAN/S/N, 2015)
Wim Wenders/Michelangelo Antonioni, *Jenseits der Wolken/ Al di là delle nuvole* (I/F/D, 1995)

VII Literaturverzeichnis

Amerio, Piero: „Antonioni: appunti per una psicologia dell'irrelevant", in: Carlo di Carlo (Hg.), Michelangelo Antonioni, Roma, 1964, S. 45–52.

Antonioni, Michelangelo: Quel bowling sul Tevere, Torino, 1983.

Antonioni, Michelangelo: Fare un film è per me vivere. Scritti sul cinema, Venezia, 2001.

Antonioni, Michelangelo: Chronik einer Liebe, die es nie gab, übers. v. Sigrid Vagt, Berlin, 2012.

Balke, Friedrich: Gilles Deleuze, Frankfurt a. M., 1998.

Barthes, Roland: Mythologies, Paris, 1957.

Baudelaire, Charles: „À une passante", in: ders., Les Fleurs du mal, Paris, 1961, S. 103–104.

Beese, Christine: Marcello Piacentini. Moderner Städtebau in Italien, Berlin, 2016.

Benjamin, Walter: Charles Baudelaire – Ein Lyriker im Zeitalter des Hochkapitalismus, Frankfurt a. M., 1974.

Benjamin, Walter: „Baudelaire Übertragungen", in: Tillman Rexroth (Hg.), Walter Benjamin – Gesammelte Schriften. Vol. IV – 1, Frankfurt a. M., 1991.

Bertetto, Paolo: Microfilosofia del cinema, Venezia, 2014.

Bieberstein, Rada: „Wo bleibt die Großaufnahme, Michelangelo – Die verschwindenden Frauenfiguren von Monica Vitti in den Filmen von Michelangelo Antonioni", in: Bernd Kiefer/Marcus Stiglegger (Hg.), Grenzsituationen spielen, Remscheid, 2006, S. 107–125.

Binczek, Natalie: „Das Proverbe und die Geschichte. Wie das Theorem in *Pauline à la plage* problematisch wird", in: Uta Felten/Volker Roloff (Hg.), Rohmer intermedial, Tübingen, 2001, S. 65–87.

Blumenberg, Hans: Arbeit am Mythos, Frankfurt a. M., 1979.

Bonitzer, Pascal: Eric Rohmer, Paris, 1991.

Casoli, Giovanni: Novecento letterario italiano ed europeo: autori e testi scelti. Dalla seconda guerra mondiale alla fine del secolo, vol. 2, Roma, 2002.

Deleuze, Gilles: Cinéma 2. L'image-temps, Paris, 1985.

Deleuze, Gilles/Guattari, Félix: Mille plateaux. Capitalisme et schizophrénie 2, Paris, 1980.

Derrida, Jacques: „La structure, le signe et le jeu", in: ders., L'écriture et la différence, Paris, 1967, S. 409–429.

Douchet, Jean: Paris cinéma : Une ville vue par le cinéma de 1895–1987, Paris, 1987.

Eco, Umberto: „La metafisica poliziesca", in: ders., Il nome della rosa, Postille, Milano, 1983, S. 524–525.

Felten, Uta: Träumer und Nomaden. Eine Einführung in die Geschichte des modernen Kinos in Frankreich und Italien, Tübingen, 2001.

Flaubert, Gustave: Madame Bovary, in: ders., Œuvres complètes. Vol. I, hg. v. Albert Thibaudet u. René Dumesnil, Paris, 1951.

Fleig, Horst: Wim Wenders. Hermetische Filmsprache und Fortschreiben antiker Mythologie, Bielefeld, 2005.

Foucault, Michel: „Ariane s'est pendue", in: ders., Dits et écrits I, 1954–1975, Paris, 2001, S. 795–799.

Foucault, Michel: „Des espaces autres", in: ders., Dits et écrits II, 1976–1988, Paris, 2001, S. 1571–1581.

Friedrich, Hugo: Montaigne, Bern, 1949.

Görgen, Annabelle: „Exhibition im 19. Jahrhundert. Nana von Edouard Manet. Die Schaustellung von Körper und Kunst als Ware", in: Jack Bankowsky (Hg.), Pop Life, Hamburg, 2009, S. 39–49.

Hessel, Franz: Ein Flaneur in Berlin, Berlin, 1984.

Hofmann, Werner: Nana. Eine Skandalfigur zwischen Mythos und Wirklichkeit, Köln, 1999.

Jeanne, René/Ford, Charles: Paris vu par le cinéma, Paris, 1969.

Koebner, Thomas/Schenk, Imbert (Hg.): Das goldene Zeitalter des italienischen Films: Die 1960er Jahre, München, 2008.

Kramer, Kathryn (Hg.): Wagadu Volume 7. Today's Global Flâneuse, Bloomington, 2011.

Lo sguardo di Michelangelo. Antonioni e le arti, Fondazione Ferrara Arte Editore, Katalog zur Ausstellung, Ferrara, März 2013.

Marquard, Odo (Vorsitz): „Erste Diskussion. Mythos und Dogma. Vorlage: Hans Blumenberg, Wirklichkeitsbegriff und Wirkungspotential des Mythos", in: Manfred Fuhrmann (Hg.), Terror und Spiel. Probleme der Mythenrezeption, München, 1971, S. 527–547.

Micciché, Lino: Cinema italiano. Gli anni '60 e oltre, Venezia, 2002.

Montaigne, Michel de: Essais II, 1, hg. v. Albert Thibaudet, Paris, 1939.

Nova Vulgata Bibliorum Sacrorum Editio, Novum Testamentum, Ad Corinthios I, epistola 13, 12.

Ochsner, Beate: „Michelangelo Antonioni: *L'eclisse*", in: Andrea Grewe/Giovanni di Stefano (Hg.), Italienische Filme des 20. Jahrhunderts in Einzeldarstellungen, Berlin, 2015, S. 119–135.

Pichois, Claude: Baudelaires Paris: die Topographie eines verwirrten Lebens, Berlin, 1993.

Rohmer, Eric: Les nuits de la pleine lune, in: ders., Comédies et proverbes, Vol. II, Paris, 1999.

Stierle, Karlheinz: Der Mythos von Paris: Zeichen und Bewußtsein der Stadt, München/Wien, 1993.

Tabucchi, Antonio: „Il sogno di Dedalo", in: ders., Sogni di sogni, Palermo, 1992, S. 15–18.

Weich, Horst: Paris en vers: Aspekte der Beschreibung und semantischen Fixierung von Paris in der französischen Lyrik der Moderne, Stuttgart, 1998.

VIII Abbildungsverzeichnis

Kap. I:

Abb. 1:	Christian Petzold, *Yella* (2007)	16
Abb. 2:	Christian Petzold, *Gespenster* (2005)	16
Abb. 3, 4:	Wim Wenders, *Der amerikanische Freund* (1977)	20
Abb. 5:	Wim Wenders, *Der amerikanische Freund* (1977)	23
Abb. 6:	Michelangelo Antonioni, *Professione: reporter* (1975)	24

Kap. II

Abb. 1–4:	Michelangelo Antonioni, *L'avventura* (1960); *La notte* (1961); *L'eclisse* (1962); *Il deserto rosso* (1964)	28
Abb. 5–7:	Michelangelo Antonioni, *L'eclisse* (1962)	32
Abb. 8:	Michelangelo Antonioni, *L'avventura* (1960) ...	36
Abb. 9:	Michelangelo Antonioni, *Il deserto rosso* (1964)	39

Kap. III

Abb. 1:	Edouard Manet, *Nana* (1877)	42
Abb. 2:	Henri Cartier-Bresson, ohne Titel, 1969	43
Abb. 3, 4:	Henri Cartier-Bresson, *Chez Lipp, Paris*, 1968; Eric Rohmer, *L'amour l'après-midi* (1972)	45
Abb. 5, 6:	Louis Malle, *L'ascenseur pour l'échafaud* (1958); Jean-Luc Godard, *À bout de souffle* (1960)	46
Abb. 7–9:	Eric Rohmer, *L'amour l'après-midi* (1972)	53
Abb. 10, 11:	Eric Rohmer, *Le beau mariage* (1982)	56

Kap. IV:

Abb. 1, 2:	Eric Rohmer, *Le signe du lion* (1959)	63
Abb. 3, 4:	Eric Rohmer, *Le signe du lion* (1959)	64

Kap. V:

Abb. 1, 2:	Eric Rohmer, *Les nuits de la pleine lune* (1984)	67
Abb. 3–6:	Eric Rohmer, *Les nuits de la pleine lune* (1984)	72
Abb. 7:	Eric Rohmer, *Les nuits de la pleine lune* (1984)	75

www.ingramcontent.com/pod-product-compliance
Lightning Source LLC
Chambersburg PA
CBHW071225170426
43191CB00033B/1675